スポニチ創刊60周年記念

スポーツニッポン新聞社西部本社編

海鳥社

はじめに

福岡ソフトバンクホークスの王貞治監督が二〇〇八年のシーズンを限りに勇退した。

球界の盟主・巨人と決別し、パ・リーグの地方球団に新天地を見出し、万年Bクラスの負け犬チームを常勝軍団にまで鍛え上げた。二〇〇〇年にはジャイアンツ時代の盟友だった長嶋茂雄監督が率いる巨人と日本シリーズでのミレニアム対決を実現し、プロ野球ファンの夢をかなえた王監督。

二〇〇六年七月には胃がんの治療のため、胃を全摘出する手術を受けながら、病床から奇跡の復活を果たして再びプロ野球の戦場で指揮をとった。それはまさに王監督の座右の銘である「気力」の賜物だったが、実は術後は常に体調不良に悩む、苦悩の日々でもあった。そして二〇〇八年九月、ついに今シーズン限りでの勇退を決意。全国の野球ファンに惜しまれながら、慣れ親しんだホークスのユニホームを静かに脱いだ。

福岡でユニホームを着た十四年間で、王監督は三度のリーグ優勝、二度の日本一に輝いた。二〇〇六年にはワールド・ベースボール・クラシック（WBC）の日本代表監督として世界一の座についた。

福岡、九州はもちろん日本中に大きな夢と、勇気と希望を与えた不世出のヒーロー、王さんに心からの感謝を込めてこの本を、王さんを愛したすべてのプロ野球ファンに贈りたい。

野球の素晴らしさを教えてくれた王さん、ありがとう。

スポーツニッポン新聞社西部本社

HAWKS

2008.9.24

［衝撃の9.23,24］

ヤフードームで万感胴上げ

福岡ソフトバンクホークスの王貞治監督が勇退を決めた。王監督は二〇〇八年九月二十三日、ヤフードームで行われた日本ハム戦終了後、福岡市内で記者会見を開き、体調面の不安と成績不振を理由に今季限りの退任を表明した。

五十年間、着続けてきたユニホームとの決別に王監督の表情は穏やかだった。急遽、設定された退任会見の席上でも、時折笑みを見せながら胸のうちを静かに語った。

「一昨年、病気をしてから体力が落ちた。術後は体重が減って、自分の足でない気がすることもあった。今季はベンチに入らなかったこともあったし、試合前に横になったこともあった。これでは選手の士気に影響する」

勇退の理由として体調不良がチームに影響を及ぼしたことを挙げた。二〇〇六年七月に胃がんの治療のために胃の全摘出手術を受けた。二〇〇七年には「肉体的なものがついていかない」と、一度は監督続投を辞退した。このときは球団の慰留に翻意し、週一度の点滴を続けながらチームを率いた。

しかし、この夏に再び体調を崩し、八月十四日のロッテ戦（千葉マリン）では食事を詰まらせて休養。翌日には復帰したが、強い副作用のある非ステロイド系抗炎症薬を使わなければ立っていられないほどだった。指揮官の体調不良が影響したのか、九月に入ってチームは3勝15敗と低迷した。

王監督は、

「（九月に入って）信じられないような試合が続いた。指揮官として責任がある。今回は出処進退を鮮明にすべきと思った。チームが生まれ変わる本来の道筋のために監督交代は避けられないこと」

と話した。孫オーナーからはチームの成績は問われずに強く慰留されたが、指揮官の決意は固かった。

選手として、指導者として、ユニホームを着て戦った五十年間。王監督は、

「一つの道にこれだけどっぷりと浸かって心をときめかせて（野球を）やれたのは幸せだった」

と振り返った。そして、三度のリーグ優勝と二度の日本一、さらにWBCでの世界一に輝いた福岡での十四年間のユニホーム生活に感謝の言葉も加えた。

「九州の人は野球も私生活でも温かく迎えてくれた。福岡は私の第二の故郷。私の野球人生でもホークスは大きな割合を占めている。できることは一〇〇%、ホークスに差し出す」

王監督は穏やかな笑顔でユニホームに別れを告げた。

2008年９月23日，福岡市内のホテルで急遽開かれた退任の記者会見で質問に答える王監督。会見中はきわめて穏やかな表情だった

ヤフードーム最終戦終了後，挨拶をする王監督

上：王監督から辞任が伝えられたミーティング後，試合中のベンチでの松中と王監督（９月23日）／下：９月24日のヤフードームには，ユニホーム姿の王監督を目に焼きつけようと大勢のファンが集い，様々なボードで王監督への思いを伝えた

王監督
ヤフードーム
最終戦後の挨拶

まだ8試合、公式戦が残っておりますが、ヤフードームでの試合が今日が最後となりましたので、ご挨拶させていただきます。

本年も本当に心のこもったご声援をいただきまして、本当にありがとうございました。ふがいない戦いに終わった昨年を何とか今年こそ取り返すんだという強い思いを持って、キャンプから鍛えてまいりました。また、ファンの皆さんの声援に支えられながら、厳しい練習に耐えることができました。

今年の開幕、皆さんよく覚えられていると思いますが、開幕5連勝と大変素晴らしいスタートを切ることができました。昨年とは違うんだ、今年は昨年の分を取り返すんだということでチーム一丸となって、大変素晴らしいスタートを切るとともに、より強いチームを目指して戦ってまいりました。

しかしながら、現在ここに立ちまして振り返ってみますと、昨年も八月から戦いが勢いをそぐような、到底考えられないような戦いがありました。今年こそと思った本年も八月、九月の戦いで故障者が出たとはいえ、決してソフトバンクホークスらしい戦いはできませんでした。

王監督へ花束が贈られる

これはすべて監督の責任でございます。強く、強く、責任を感じております。

また、ファンの皆さんの期待に応えられなかったこと、また、本当に皆さんとともに夢を分かち合えなかったことを、大変残念に思っております。

一九九五年以来十四年間、ユニホームを着させていただきました。大変、幸せでした。残念ながら体調が十分でなく、チームの士気にも影響が出てしまいまして、本当の戦いができなかったことを、本当に二重に苦しい思いをしてまいりました。

来年以降の新生ホークス、若い力が大きく花開く素晴らしい年になると思います。また新しい陣容の監督、コーチ陣がいずれ発表されると思いますが、私ができなかったことをやり遂げてくれると信じております。

そういった意味で新しいスタートを切るホークスを今まで以上に、力強く応援していただけますようにお願いいたしまして、私のご挨拶とさせていただきます。

本当に長い間、ありがとうございました。

グラウンドで闘志をむき出しにして戦うナインの多くが
人目をはばからず泣いた。
選手たちの涙の輝きが
王監督の偉大さを証明していた。

ヤフードーム最終戦後，グラウンドを回るナイン。涙ぐむ小久保（右から２人目）の肩に手をやる王監督。その左は松中，右端は川崎

上右：ヤフードーム最終戦のベンチでの秋山コーチと王監督／上左：試合終了後の挨拶が終わると，王監督は選手１人ひとりと握手した／下右：泣きじゃくる松中に声をかける王監督／下中：ベンチからグラウンドに向かって一礼する王監督／下左：球場を出る王監督を取り囲む報道陣

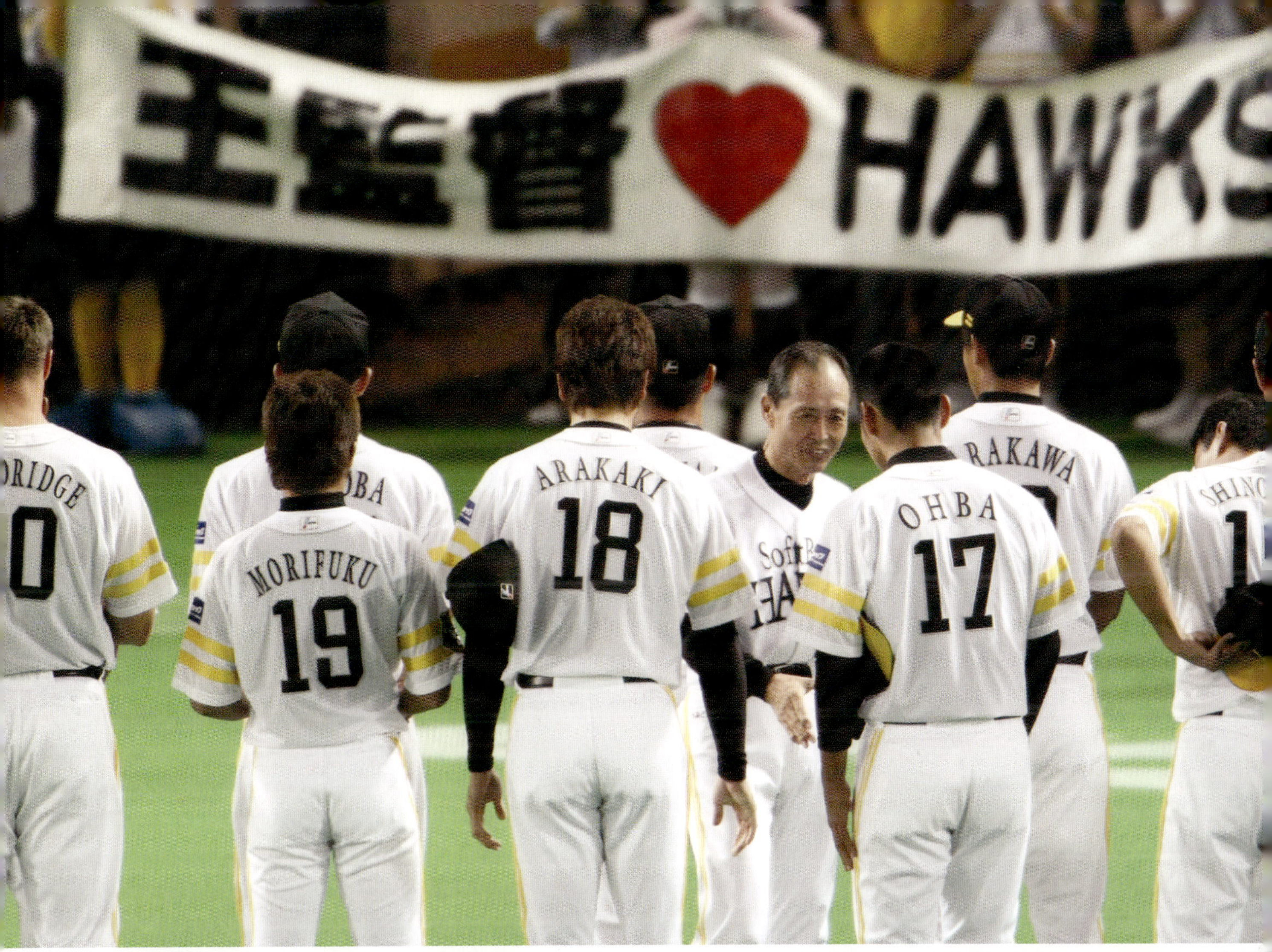
王監督
HAWKS
ORIDGE
MORIFUKU
19
ARAKAKI
18
OHBA
17
RAKAWA

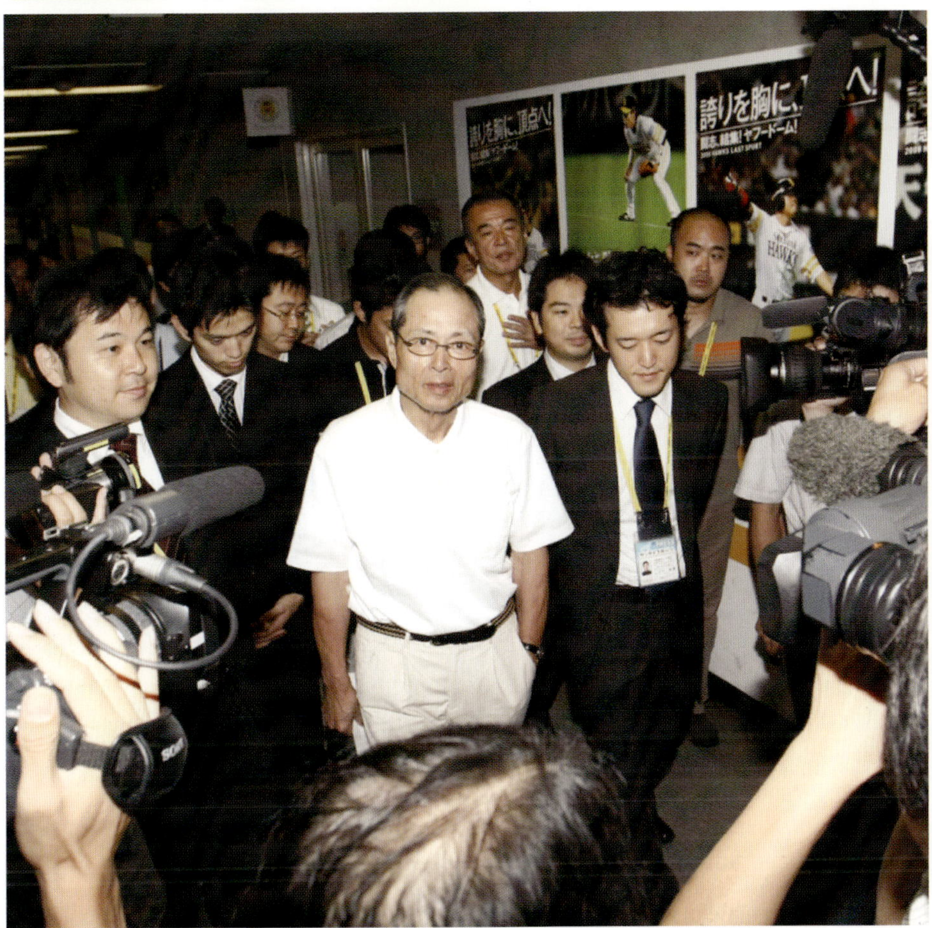

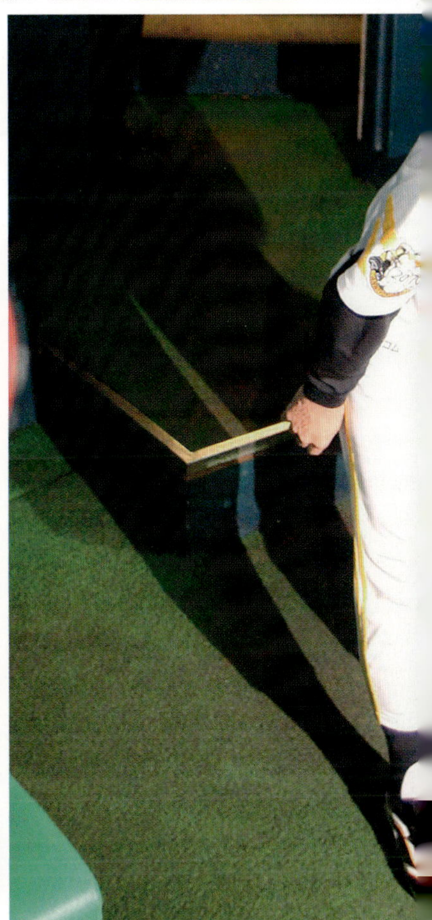

王さん、
あなたの雄姿
目に焼きつけました。
プロ五十年、福岡で十四年。
選手で、監督で世界一。
野球の素晴らしさを
ありがとうございました。

ヤフードーム最終戦後の場内１周が終わると，小久保，松中が選手の輪に王監督を迎え入れた。

「９月に入ってからの戦い，９連敗と，満足のできる成績じゃないのは重々わかっているんですけれど，お願いします」と胴上げを申し出た。

本当は日本一になって実現するはずだった。

ホークスを14年間導いてくれた指揮官のやせた体が，４回，宙に舞った

2008.10.7

［背番号89最後の日］

天も泣いた
王監督のラストゲーム

ソフトバンクの王貞治監督が最後の指揮をとった。ソフトバンクはKスタ宮城での今季最終戦で楽天に延長12回サヨナラ負けし、最下位で全日程を終了した。

王監督は巨人時代を含め2507試合目の采配を黒星で終えたが、試合後には楽天・野村監督に花束を贈られ、観客席から万雷の拍手を浴びた。

選手として歴代最多868本塁打を放つなど数々のタイトルを手にし、監督として二度の日本一を経験した不世出の野球人が、ついにユニホームを脱いだ。

空が泣いた。世界の王との別れを惜しむかのようだった。9回途中、杜の都の空に突然、降り出した涙雨。そのしずくを全身に浴びながら、野村監督からの花束を受け取り、全選手の手を握る。延長12回サヨナラ負けし、一九九六年以来十二年ぶりの最下位に沈んだが、二万人のファンからは敵味方関係なく「王コール」が起こった。

誰よりも野球を愛し、野球に愛された王貞治。その歴史が静かに幕を閉じた。

「最後の最後まで野球好きな僕にふさわしく12回もやれたし、そういう点ではよかった。自分としては今日は満足できる一日だが、勝負師としては勝利で飾れなかったことが残念です」

特別な一日だが、午前九時に目覚めた王監督は、いつもと変わらぬ気持ちでユニホームに袖を通した。宿舎でのミーティングでも、

「最後だし、勝って終わろう」

とだけ言った。試合前も、

「人のことはすごく興奮したりするけど、自分のはね。（最後とは）信じられないという感じだよ」

と、まるで人ごとのようだった。

現役時代、巨人の助監督・監督時代、さらにダイエー、ソフトバンクの監督時代を含め、5728試合もの戦いを終えても、淡々と、最後まで涙は見せなかった。

試合後、王監督が松中、小久保らナイン全員と握手を交わす

プロ野球の一時代が終わった

栄光と挫折。太く長く、そして世界中のどの選手よりも充実した五十年の野球人生だった。一九五九年二月、十八歳の青年は早稲田実業の卒業試験を終え、二泊三日の夜行列車で巨人のキャンプ地・宮崎入り。「だめなら（実家の）ラーメン屋を継げばいい」。そんな気持ちで入ったこの世界で、868本塁打の金字塔を打ち立てた。巨人の監督時代には重圧に苦悩し、屈辱的な解任劇に遭った。

転機はダイエー監督に就任した一九九四年秋。福岡の地が王貞治の野球人生を根本から変えた。チームは万年Bクラス。一九九六年にはファンから生卵をぶつけられたこともあった。加えて脱税事件にスパイ疑惑……。初の日本一になった一九九九年以降も球団身売り、胃がん手術と苦しいことの方が多かったかもしれない。

だが、温かい人々との触れ合いに〝世界の王〟は安らぎを覚えた。福岡市内にある行きつけの中華料理店は中国人一家が営む。

「最初だんなさんは、片言の日本語だった。今は逆に子供が中国語を覚えなくて大変らしいよ」

自らの幼少期の境遇に重ね、目を細める。今後も福岡に居を構えるのはそんな〝家族〟の存在もあるからだ。

「ユニホームを脱いだら世界一周の船旅でもしような」と約束した愛妻・恭子さんは二〇〇一年十二月十一日、後に自らも苦しめられた胃がんで五十七歳の若さで亡くなった。墓前を訪れるたびに亡き夫人に誓ってきた。

「自分が精一杯生きていくことで、心配をかけないようにしたいんだ」

精一杯。ユニホームを脱いでもその姿勢は変わらない。やりたいことはたくさんある。「ラスベガスでエルトン・ジョンのコンサートを聴きたいね」「足が思うように動かなくなったけど、ゴルフは続けたい」。

入会をすませながら、胃の全摘出手術のため一度も通っていない書道教室へも行ってみたい。

「背筋がぴんと伸びていいんだ。喜怒哀楽の激しい世界がなくなると、衰えるのも早くなるからね」

新たに歩む第二の人生。真っ白な半紙に、その道筋を書き記すつもりでいる。

今後は球団に残り、編成の最高責任者となる一方で、ワールド・ベースボール・クラシック（WBC）や日本プロ野球機構の要職就任も期待される。

試合後には、

「今、一つの幕は引きますが、生きている限り、ファンの皆さんにいいかたちで野球を愛していただけるよう、アメリカとの力の差を少しでも埋められる方向に自分の力が役に立てば」

と話した。球界への貢献には前向きだ。

歴史の第二章は今、このときから始まっているのかもしれない。

宿舎で行った最後のミーティングで、選手へ語りかけた。

「十四年間ホークスのユニホームを着ることができて本当に幸せでした。選手の諸君、自分に克てる、そして誇り高い選手になってほしい。君たちの野球人生はまだまだ続く。新たな監督のもと、頑張ってください」

その後、自室に戻り、ユニホームのボタンを外した。

日本プロ野球が誇る不世出の存在。ついに別れのときが訪れた。日本が、いや、世界がその背中に心からこの言葉をかけるだろう。「ありがとう」。

10月７日の試合後，野村監督の花束を受ける王監督

ラストゲームを終えて

――お疲れさまでした。

「最後の試合というより、こういう試合に勝てなかったことが悔しい。ずっと応援してくれたファンに申し訳ない。監督としてそういう指導ができなかったことを悔しく思います」

――最後の指揮でしたが？

「皆さんに最後と聞かれたけど、全然そういう気持ちはなかった。最後だが、精一杯力を出そうと思ったし、選手もその気でやってくれた。お互いピッチャーがよかったから、なかなか点が入らなかった」

――試合前の心境は？

「ゲームそのものはいつも通り。知り合いがわざわざ遠くから、日本中から来てくれたのでありがたかった。長年応援してくれた仲間たちが来てくれて、最後のユニホームを見守ってくれたのは本当にうれしかった。いっぱいになったお客さんも、雨の中で最後まで声援を送ってくれた。決着がついた後はイーグルスの選手からも見送ってもらえて、野村監督からもきれいな花束をいただけた。自分としては満足な一日でした」

――野村監督からは何と？

「長い間ご苦労さまでしたというの

最終戦を終え，仙台市の宿舎で背番号「89」のユニホームを脱ぐ王監督

と、最後の試合がいい試合だった、ということを言われた。両方ともピッチャーが頑張ったし、引き締まった、どちらに転んでも、という感じだった。最後の最後まで野球好きな僕にふさわしく12回もやれたし、そういう点ではよかった」

——最後にファンにメッセージを。

「ジャイアンツからホークスと五十年間歩いてきましたけど、ファンの方に支えられてきた五十年間だった。一人ではそういうことは何もできない。中学、高校、プロに入ってから、一人、二人の名前を挙げるというわけじゃなくて、本当に多くの皆さんにお世話になった。

本当に長い間、ありがとうございました。感謝しています」

上：最終戦，7回の攻撃で金子に替え川崎を代打に送る王監督／下：最終戦は大勢のファン，知人が駆けつけた。マリナーズの城島健司と握手する王監督

盟友・王監督の最後の試合。仙台でのゲームのため、球場まで足を運べなかった。それでも、思いは通じ合っている。

巨人軍終身名誉監督・長嶋茂雄氏にとっても、この日は長い野球人生の一つの区切りだった。

今から五十年前、王監督の巨人入団でONの歴史が始まった。その二人の集大成となったのが二〇〇〇年のONシリーズ。

「お互い監督として戦えたことはいい思い出です」

開幕前日の東京ドーム。ホームベース前で固い握手を交わした記念写真は、事前の打ち合わせもなく最高のアングルになるよう互いが配慮した。ONにはそんな〝あうんの呼吸〟がいつもあった。

2004年2月8日，宮崎キャンプを訪問したオリンピック日本代表監督の長嶋氏と握手する王監督

「王ちゃんがいるから……」長嶋茂雄氏

王監督が胃がんの手術を受けた二〇〇六年。都内の病院を見舞ったミスターは、現役時代のONツーショットの写真パネルを持参した。

「王（ワン）ちゃんがいるから、僕もいる」

そんな思いを伝え、励ましたかった。そして術後、グラウンドに戻った王監督を見て、

「あの情熱には頭が下がる」

と言った。

球界の一つの歴史が、幕を閉じた。

「王監督がユニホームを着てない球界は寂しく思える」

しかし、ONの固いきずなは、ユニホームを脱いでも変わることはない。

ファンからのメッセージ

■関係者の声■

▼伊予展子さん

（王監督がひいきにする宮崎市の釜揚げうどん屋「重乃井」の女将）

思い出は数えたらきりがないけど、術後のことが心に残っていますね。

胃がんの手術をして退院後三カ月目に来店されたのには驚きました。消化がいいように普通十五分のゆで時間を二十分にして出しましたが、食べたのはうどん二本だけでした。でも、翌年に一人前の半分を召し上がられたときはうれしかった。

勇退前の九月にヤフードームに応援に行ったときはチームの成績が悪く、王さんは「胃がないから腸が痛いよ」なんて冗談まじりで言っていました。勇退で一つの時代が終わったような気がします。

▼釘本登三男さん

（王監督が足しげく通った福岡市の居酒屋「とみ善」の大将）

一九九九年に初優勝したとき、店でお客さんと一緒にビールかけをしたのを思い出しますね。

監督は刺し身とか魚料理を好んで食べていましたね。キスのフライが好物だったかな。ビール党でお客さんと気さくに話ながら飲んでいましたよ。

チームの成績が悪いときも弱音など一切はかず、いつでも前向き。一、二年は休んでもらって、また福岡で監督に復帰してほしいです。

▼九州電力・松尾新吾代表取締役会長

（福岡の経済界が中心になり一九九五年に設立した後援会「王友会」の会長）

王監督は日本一2回、リーグ優勝1回、リーグ2位が5回と素晴らしい成績を残されました。また、二〇〇六年にはWBC代表監督として日本を世界一に導かれ、福岡のみならず、九州の一体醸成に大きく寄与していただきました。

これまでの十四年間に対し、改めて感謝申し上げたいと思います。ありがとうございました。

■全国の野球ファンの声■

（スポニチのウェブサイト「スポニチアネックス」へ寄せられたメッセージ）

心の底から寂しい

▼監督、今まで皆のために犠牲になさっていらしたので、これからは自分のために時間を使って下さい。監督のホームランを小学生の時見て野球が好きになり、今まで何度も感動させてもらいました。本当にありがとうございました。もう一度世界一きれいな胴上げを見たかった。本音を言えば非常に寂しいです。（信州ホークス89・42歳）

▼小さい時からテレビで応援していたので、王さんの引退会見を見たときは涙が止まりませんでした。十五年近く前だと思いますが、名球会の試合が富山県で行われた時に、初めて握手をしてもらい、子供のようにうれしかったのを今でも覚えています。今後もたまにはテレビの前のファンに元気な姿を見せてください。（かおりん・40歳）

▼世界の王さんへ！　貴方に抱き上げられてから早くも約五十年の歳月を迎えようとしております。貴方と長嶋さんに抱き上げられた私は本当に幸せ者で、あの時の事は一生忘れられません。今は日本を離れイスラエルにて二十年以上の在留歳月がたちますが、日本の球界を常に気にし、毎日メディアをのぞく毎日が続いております。球界で活躍、球界のために成し遂げられた功績は世界の歴史に刻まれています。どうか、今後はご自身のお体をご自愛され、また今後の日本野球界を温かくお守り頂けますようお願い申し上げます。（王さんの猛烈ファン・イスラエルの会田公人・52歳）

▼王さん、今まで本当にお疲れさまでした。監督になられてからも、チームをまとめるといったことは、野球以外でも大変な苦労があったと思います。これからは、体を休めるとともに、日本の野球の発展のために、引き続きご活躍して頂くことを希望します。本当に感動をありがとうございました。（ウッチーマーチャン・40歳）

▼二十年連続Bクラスのチームを常勝軍団にしてくれてありがとうございました。王さんと稲尾さんなしに福岡の野球はありません。背番号89の永久欠番を望む。（永久欠番背番号89・35歳）

▼十四年間、ずっと王監督とホークスを見

「王さん殿堂入りを祝う会」にて。左から長女・理香さん，恭子夫人，王監督，次女・理恵さん

世界少年野球大会閉会式で優勝チームを表彰した王監督（2005年８月４日，前橋市民球場）

ファンのサインに応える王監督

選手の活躍にはいつも心の底から喜んだ

てきました。監督のおかげで強くて魅力的なチームになりました。ありがとうございました！ これからもホークスのために力を貸してください。最後にWBCで監督のユニホーム姿をもう一度見たいです！（鶴田誠・29歳）

▼私の野球好きのすべては、王さんによるものです。本当にさまざまな感動をありがとうございました。（茉莉花・40歳）

野球の楽しさを知りました

▼数年前までは、ボールが観客席に入ったらホームランだと思っていたほど、私は野球を全く知りませんでした。たまたま職場近くの球場に通ううちに、どんどん野球が好きになり、ルールもまだ分からないまま、王監督率いるWBCが見たくてアメリカまで観戦に行ってしまいました。あの時の選手のプレーと感動は一生の想い出です。（Nana♪・33歳）

▼優しく、強く、野球に真摯に向き合う王さんを、心から尊敬しています。これからも日本、世界中の野球を見守り、時には力強くサポートしてくださいね！ 本当にお疲れさまでした。（ロニー・34歳）

▼たくさんの感動をありがとう。（だいき・14歳）

▼左利きの僕は王さんにあこがれて野球をはじめ、巨人ファンになり、王さんが巨人を追われて巨人が嫌いになりました。王さんが福岡で日本一になったことが何よりもうれしかったです。

今、息子が野球を始めました。王さんがどんなにすごい選手だったかを教えていま

右上：宮崎キャンプを訪れた豊田泰光氏と野球談義で盛り上がる（2008年）／左上：帽子をいきにかぶった王監督（2007年５月14日，福岡空港）／下：雨の日も，雪の日も，勝利に向けて（右：2005年２月１日／左：2005年２月７日）

す。グラウンドを離れても、いつまでもお元気で、時々は僕たちの前にお姿を見せてください。（為本・42歳）

▼野球紳士　ありがとう。（33歳）

▼王さん、ありがとう。私の青春は王さんの活躍とともにありました。これからもずっと王さんを応援してまいります。今はとにかくお疲れさまでした。（こみね・51歳）

▼オーストラリアに住んでいます。最初に王監督の名前を聞いたのは、小学六年ぐらいのときだったと思います。日本で野球を見る機会がない僕たちにとって、ＷＢＣというグローバルな舞台のおかげで、野球を久しぶりにテレビで見ることができました。今、こっちの友人と、バイト前にキャッチボールするようになりました。（在豪州・22歳）

フォーエバーっ！

▼自分を信じ、人を信じて一生懸命に野球に打ち込んでいた姿に深く感動しました。私の人生においても多くのことを、王さんを通じて励ましていただきました。ありがとうございました。（シゲティＳＹ・50歳）

▼長い間、日本プロ野球界を引っ張っていただきありがとうございました。これからも陰で引っ張っていってください！（けんけん・14歳）

▼王さん、半世紀にわたって野球界を支えてくださって本当にありがとうございました。物心ついた頃から私にとって王さんはホームランをガンガン打ち続けるあこがれのスーパースター。その王さんが勇退なさるのは本当に寂しいです。ソフトバンク（前ダイエー）を常勝軍団にし、ＷＢＣでは日本を世界一に導いてくださったその功績は計り知れません。また、清原選手の引退セレモニーでの王さんの言葉は私にとっても一生忘れることができません。世界の王は永久に不滅です！　王さんフォーエバーっ！（王信者・42歳）

▼王監督、長い間本当にお疲れさまでした。今後はお体のことを優先にして、ゆっくり休んでください。時間があればまた足を運んで台湾に来てください。たくさんの感動ありがとうございました。（台湾人・30歳）

▼私にとってヒーローと言える人物は王さんただ一人です。私の少年時代は王さんの打つ本塁打とともにあったと言っても言い過ぎではありません。本当にお疲れさまでした。そして、ありがとうございました。（いずみちゃん・44歳）

▼巨人軍のレールから下りて、福岡で強豪を作り上げていく姿に勇気づけられました。お疲れさまでした。（smoroko・27歳）

▼監督就任当時、アンチ巨人の私は「王ホークス」にひどい嫌悪感を抱いた。今となってはその自分が恥ずかしいとさえ思う。球団の枠を超えたスーパースターだ。九州に来てくれてありがとう。（まる・34歳）

▼僕が物心ついてテレビでプロ野球を見始めた頃、球界のヒーローは王選手でした。王選手のホームランを見るためにテレビにかじりついていました。監督では苦労しながらもホークスで日本一になり、ＷＢＣでは世界一になり、やっぱり僕にとっての永遠のヒーローであり続けました。そんな王さんの姿を僕は決して忘れません。お疲れ

右上：キャンプでの朝の体操／右下：欽ちゃん球団がやってきた。萩本欽一さんと握手する王監督（2005年２月６日）／左：入念な準備体操（ヤフードーム）

さまでした。（ＭＨ・39歳）

▼私は札幌のホークスファンです。王さんの選手時代からのファンで王さんを追うように今ではバリバリのホークスのファンです。今の札幌ドームでは思いっきりホークスの応援ができないので毎年福岡に応援に行ってました。今年も優勝間違いなしと思って九月二十日から3試合見に行く予定を立てていたのですが、残念なことに試合は全部負け、札幌に帰って来たら辞任の発表。涙が出て止まりませんでした。とても悲しいですが、今は感動をありがとうと言います。長い間本当にお疲れさまでした。体調が戻られたら少しでもお姿を拝見させて下さい。（福ちゃん・51歳）

どうぞお元気で

▼十四年間楽しませていただきました。この十年間、ヤフードームに通い、福岡も好きになりました。どうぞお元気で！（東京の一王さんファン・72歳）

▼四十八歳の私の人生すべてが王さん、長嶋さんの活躍の歴史です。女の子でありながら野球に夢中になりました。７５６号のホームランは父と後楽園球場に行きました。そして今、十七歳の息子とホークスを応援しています。心をときめかして、ワクワクして野球観戦できたのも王さんのお陰です。本当に有難うございました。そしてこれからも、ずっとずっとお元気でいてください。（信りん・48歳）

▼王さんが監督になってからのホークスファンです。十四年間ありがとうございました！（ぽこ・39歳）

▼王さんの偉大さは大リーガーでさえ尊敬する人物だということ。将来は絶対コミッショナーをしてほしい。（ジンダイ・48歳）

▼小学生の頃、ラジオの中継が始まる時間から王貞治のホームランを聞き逃すまいと、ラジオにかじりついていました。ここで打ってくれ、というときに必ず期待にこたえてくれた。王選手がいたから巨人ファンになり、ダイエー、ソフトバンクの監督になったからチームのファンになりました。今思えば、自分はチームのファンというより、人間王貞治の熱烈なファンでした。（藤田真吾・45歳）

▼私は監督の中で王さんが一番好きでした。その優しい笑顔、いつまでも忘れません。体を休めたら、またみんなの前に顔を出してくださいね。たくさんの思い出をありがとう。（ヒロコ・36歳）

気力を胸に

▼「気力」。あなたのこの言葉に何度となく、励まされたことか。リストラにも遭い、厳しい会社勤めをしている私にとって、王貞治の生きざまは、目標でもあり気持の支えでした。これからも「気力」を胸に、生きていきたいと思います。ありがとうございました。（元桜坂在住　ＴＯＳＨＩ・48歳）

▼小学校低学年のクリスマスプレゼントは、王選手のサイン入りバットでした。そのバットでよく一本足打法をまねしていました。お疲れさまでした。また、ときどきお元気な姿を見せてください。（とみ・40歳）

▼自分にとっては、ジャイアンツの王さん

2006年８月２日，王監督の退院を喜ぶファンたち

よりもホークスの王さんでした。そして、ホークスを強くした偉大な監督さんでした。そんな王さんを尊敬しています。お疲れさまでした。（アキゲン・36歳）

▼王監督、長い間お疲れさまでした。弱かったホークスが毎年優勝を争うチームとなり、ファンとしてもとても充実した十四年間でした。また野球ファンとしても王監督の存在は絶大でした。こんなにも野球を楽しませてくださって本当にありがとうございました。（愛する若鷹軍団・44歳）

▼長い間、ありがとうございました。ダイエーホークスの初めての日本一の胴上げのシーンは、忘れません。ゆっくり休んで下さい。（鈴木敏明・39歳）

▼子供の頃から王さんがあこがれでした。親に無理を言って作ってもらったユニホームも巨人の1番。子供ながらに王さんの誠実さにひかれていたんです。これで僕の中のスーパースターはいなくなってしまったのは残念ですが……。これまで夢をありがとうございました。（リトルジャイアンツ・40歳）

王さんに逢えて幸せでした

▼「自分のことには感傷的にならない」。そんなことが言える人がプロ野球に、そしてその大スターにいたなんて……。あらためて尊敬の念がわくのを覚えました。お体を大切にしてまだまだ野球界のためにがんばってほしいです。（いまいたかお・45歳）

▼小学生の頃に読んだ『王貞治物語』は、今でも忘れられません。あれから野球を好きになり、私の人生にはいつも野球があり、王さんがいます。心から感謝します。いつまでもお元気でいてください。五十年間、本当にお疲れさまでした。（ぴゅーこ・43歳）

▼小学生の頃、巨人全盛期で王さんがよくホームラン打ってテレビにかじりついてよく応援していました。長い間お疲れさまでした。（タカ・50歳）

▼王さんは、巨人を捨て、東京を捨てパ・リーグ、そして東京から最も遠い福岡に来てくれた。骨を埋めてくれた。福岡の宝、パ・リーグの宝。王さん本当にありがとう。まさにビッグ・ダディ王監督。この福岡の成功なくして、北海道、仙台の成功はなかった。Jリーグと同じ。弱くても「おらがチーム」を地方の人は応援するんです。日本国民がGのファンである時代はとうの昔に終わった。（アガコウ・54歳）

▼ホークスを常に優勝争いのできる球団にし、WBCでは優勝と本当にありがとうございました。そして何より、現役時代の世界記録に向けたホームランに興奮したことが思い出です。まずはゆっくりして頂きたいと思います。（mariho・39歳）

▼ユニホームは卒業してもらって、長嶋さんとともにプロ野球を見守ってもらい、将来を見守りながら、逸材を各方面から指導してください。それを受け継いでくれる人がいつか現れるのを見たいです。王さんは、プロ野球機構に入って、発展に貢献してほしいです。（ONP・25歳）

▼王さんのプレーのすべてに感謝！　日本の野球を世界に見せ付けられた！　王さんのおかげです！　来年も……それより先

2008年９月24日，ヤフードーム最終戦での観客席

に体を休ませてください！　ありがとうございました！（ベイファン・15歳）

▼子供の頃から王選手の一本足のホームランを楽しみにしていました。756号の翌日にサヨナラホームランを打ったのもさすが王選手。30本も打ったのに「王貞治のバッティングができなくなった」と言って辞められました。監督になられて、しかも体を壊されても続けられ、感動をありがとうございました。ゆっくりお休みください。（nameo・47歳）

▼私は北海道在住の日本ハムファンであり、敵の監督として王さんを見ていました。今の北海道日本ハムがあるのは福岡に地域密着させたホークスのノウハウがあったからだと思いますし、万年Bクラスのチームを強くした王さんの存在は敵ながら大変尊敬できる存在でした。

　北海道といえば、今年は五月に函館で試合があり、青函トンネル、函館山の夜景、新鮮な海の幸を楽しまれたそうですが、またいつか北海道に来ていただければと思います。（TOM・36歳）

王さん　あなたを忘れない

▼王さんにあこがれるあまりに、王さんのサインをまねて、教科書がサインだらけになった。あの頃授業で教わったことは何も覚えてないのに、そのことは今も鮮明によみがえってくる。私の永遠のスーパースターです。（森泰義・44歳）

▼弱いチームを強く築いてくれてありがとうございます。残った選手たちがまたやってくれるはずです。後はゆっくり休んでください。（ろーりー・32歳）

▼いっぱいの夢と希望そして勇気をありがとうございます。王さんと逢えて私たちも幸せでした。（ギルマックス・32歳）

▼長い間、お疲れさまでした。幼い頃から王さんのファンでした。選手として監督として、たくさんの感動を頂いたこと感謝しています。ありがとうございます。これからの新しい道を頑張って下さい！（札幌のKoさん・40歳）

▼五十年間、本当にお疲れさまでした。子供の頃、後楽園球場で王さんのホームランを生で見られたことは、自分の誇りです。これからもお体を大切に、日本球界を見守って下さい。（江戸っ子G党・33歳）

▼球界の宝です。とても寂しいです。でも、ほんとうに長い間お疲れさまでした。ありがとうございました。

　清原の引退セレモニーの時は一滴も涙がでなかったのに、王監督のセレモニーのときは涙がとまらなかった男より……。（千葉ロッテマリーンズ　ファイティン！・42歳）

▼幼い頃からONを、特に王選手、王監督を応援してきました。これまで多くの感動をありがとうございました。WBC監督は王監督が指揮をとってほしかったのですが……。体調を第一に考えてください。（KEN・45歳）

▼「王選手」は少年だった頃の私達のヒーローでした。「王監督」は中年になった私達のヒーローでした。長い間ありがとうございました。お体お大事に、ゆっくりされてください。（おとおる・39歳）

上：根本監督から監督を受け継ぎ，就任会見に望む王監督（10月12日）／左：ＦＡで移籍の工藤の入団会見。小さめのユニホームを勢いよく着る。右は中内オーナー代行（12月６日）／下：ドラフト１位の城島。初交渉で入団を即決し，王監督とガッチリ握手（12月３日）

1994

［王ホークス戦いの軌跡］

王さんが福岡にやってきた

一九九四年十月十二日を福岡、そして九州の野球ファンは永遠に忘れないはずだ。王貞治が福岡ダイエーホークスの監督に就任した日。ここからパ・リーグは新しい歴史を刻み始めた。

セ・リーグ、巨人の長嶋茂雄、そしてパ・リーグ、ホークスの王。東の長嶋、西の王。かつてＶ９巨人で史上最強だったスーパーヒーローコンビ、ＯＮの二人がリーグを分けて戦うのだ。五十四歳の若々しい王監督はＯＮ対決に意欲を見せた。

「リーグに分かれている以上、最終的にはその対決が望まれるが、その前にパ・リーグでは西武という高いカベを超えなければならない。そのためには中身の濃い練習で、西武に勝つべく力をつけたい」

さらに続けた。

「三十年間、巨人でユニホームを着たが、その体験を若い選手に伝えることは巨人でしかできないことではないと思った。日本野球のよき伝統を伝える意味で、少しでも（ホークスの）若い選手に自分の体験が役立てばと考えた」

それは巨人との決別宣言でもあった。選手、助監督、監督としてジャイアンツで三十年間背負ってきた背番号「１」へのこだわりをさらりと捨てて、ホークスでは「破竹」の「野球」につながる「89」番を選んだ。

新たな王国作りに向けて、ドラフトでは駒沢大進学を宣言していた城島健司（別府大学付属高校）を果敢に指名。自ら挨拶に出向き入団にこぎつけた。ＦＡで工藤公康、石毛宏典（ともに西武）を獲得し、戦力の充実を図った。

FUKUOKA

1995-1998

［王ホークス戦いの軌跡］

苦難の4年と芽生え始めた自信

一九九五年二月、王監督の新天地での意気込みを表すように、豪州ゴールドコーストでの海外一次キャンプ、さらに国内に戻って高知で二次キャンプを行い、王ダイエーは四月一日、パ・リーグの開幕を迎えた。

敵地・所沢での西武戦。初回にメジャー通算220本塁打の超大物新外国人ケビン・ミッチェルの来日初打席満塁ホームランが飛び出し、延長10回11対10という派手な勝利で、王監督は船出した。四月には5連勝して首位に立つ好スタートだったが、五月に入ってミッチェルが右ひざのけがを理由に欠場し無断で米国に帰国。夏場には復帰したが、八月には再帰国した。「史上最強の外国人砲」は期待を裏切り、出場わずか37試合に終わった。

ミッチェル以外にも秋山、吉永、石毛、カズ山本、松永、藤本ら主力のベテラン野手が次々と故障で欠場するなど、チームは七月六日にBクラス4位に落ちると、シーズン終わりまで低迷。王監督の一年目は5位、勝率4割2分9厘で、南海時代の一九七七年（2位）を最後に十八年連続のBクラスというパ・リーグのワースト記録を更新してしまった。

二年目の一九九六年も泥沼は続いた。54勝74敗2分で三年ぶりの最下位に沈み、広島の十八年連続を抜いてプロ野球ワーストとなる十九年連続Bクラスという不名誉な記録を更新してしまった。

王監督三年目の一九九七年は日本ハムと同率の4位だった。三年ぶりの開幕4連勝という好スタートを切り、七月十三日には王監督の就任三年目で最多の貯金「8」（42勝34敗）をマークしたが、後半は本拠地・福岡ドームで11連敗するなど失速し、二十年連続Bクラスとなった。

しかし、吉武が六月に3試合連続無四球完投勝利を記録して月間MVPを獲得、小久保が自己最多の36本塁打をマークし、さらに三年目の城島が長打力を発揮するなど、若い力の躍進でチームは徐々に変わろうとしていた。

王監督が就任四年目を迎えた一九九八年は工藤、吉武、佐久本の先発投手陣が力投して開幕から3連勝の好スタートを切った。四月十一日からは5連勝して首位に立ったが、直後に8連敗して4位に転落。四月末から今度は7

ピンチで投手交替のため、ウインドブレーカーを脱ぐ王監督。右は村田ピッチングコーチ

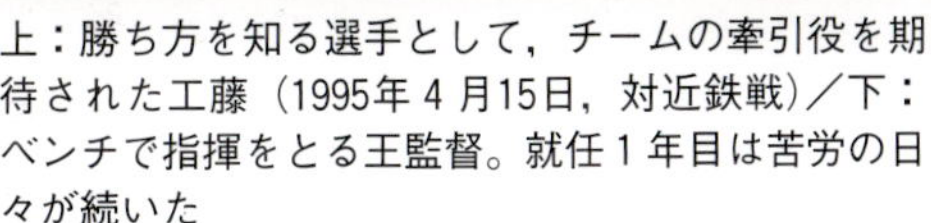

上：勝ち方を知る選手として、チームの牽引役を期待された工藤（1995年４月15日，対近鉄戦）／下：ベンチで指揮をとる王監督。就任１年目は苦労の日々が続いた

連勝して首位に再浮上した。そして、六月に7連敗したあと7連勝、七月は5連敗しながら、八月は4連勝、4連勝、5連勝を挙げるなど連勝と連敗を繰り返し、最後の5試合にはすべて敗れて貯金を吐き出し、勝率5割で4位に終わった。

しかし、借金なしでシーズンを終えたのは王ダイエー四年目で初。チームは初めて大きな自信を得たのだった。

上：本塁打を放ったミッチェルを笑顔で迎える王監督（４月１日，対西武戦）。チームの主軸として期待されたミッチェルだが，５月には無断帰国し，一旦は戻ったものの８月にチームを去った／右：４月１日，ダイエーの監督として初勝利を挙げ，声援に応える王監督／下：６月29日，対日本ハム戦，二盗を決める村松／左：６月２日，対西武戦，完封負けで勝率５割を切り，この後も５割復帰はならなかった

1995

[14年間の証言]

小久保裕紀
「キング継承」

王監督の就任一年目、大砲候補はそろっていた。元メジャー二冠のミッチェル、秋山、吉永、山本、石毛、ライマー……。だが、指揮官の頭にはプロ二年目だった小久保裕紀の名前があった。

「青山学院大時代、自分は中距離打者だと思っていた。それが、王監督に『ボールを遠くに飛ばせ』と言っていただいた。その言葉で、飛距離で勝負しようと思った」

前年オフ、ハワイのウインターリーグに参加した小久保が放った特大のアーチを、名球会で訪れていた王監督が偶然に目撃。すぐ「4番打者の器」と見抜いた。

四月一日の開幕戦（対西武）。4番はミッチェルだったが、「8番セカンド」でスタートした小久保は4戦目の四月五日のロッテ戦で1号を放った。五月末にはチームトップ9号の秋山に次ぐ7本塁打で5番昇格を果たした。球宴ファン投票でも二塁手部門の1位で初選出され、チームの顔にも成長した。打線の柱になる日は着実に迫っていた。

本塁打を放った小久保を迎える王監督

初めて4番を打った日のことを、小久保は「鮮明に覚えています」と言う。七月十四日のオリックス戦（福岡ドーム）が、その運命の日だった。

「試合前、王監督に呼ばれ『4番でいってくれ』と言われました。足が震えたのを今でも覚えています」

王監督の期待通り、小久保は八月二十四日の西武戦で4戦連発の23号を放ち、三冠部門で独走していたイチロー（オリックス）を抜き、本塁打レースで単独リーグトップに立った。シーズン終盤にはニール（オリックス）、田中幸（日本ハム）の猛追を振り切り、28本塁打でタイトルも獲得する。

「使っていただいたこと、タイトルを獲る機会を作っていただいたことを、王監督に本当に感謝しています」

日本一広い福岡ドームを本拠地とする中で成し遂げたことに価値がある。飛距離にこだわり続けた結果だった。王監督の代名詞「キング」を小久保が継承。チームは5位に終わったが、王ホークスには不動の4番打者が誕生した。

右上：満塁ホームランを放った小久保を湯上谷が迎える（1996年８月４日、対ロッテ戦）。小久保はこの年、自己最多の36本塁打をマークした／右下：９月３日、ロッテに逆転負けし、最下位に転落／左上：藤井投手と城島（９月18日、対オリックス戦）／左中：「鷹まつり」で打席に立つ王監督。投手は村田コーチ（11月24日）／左下：新入団選手歓迎会で松中と話す王監督（12月９日）

1996

［14年間の証言］

瀬戸山隆三
「屈辱の生卵事件」

5月9日，近鉄戦を終えた王監督（日生球場監督室にて）。この後，監督の乗り込んだバスに生卵が投げつけられた

三月三十日の開幕から王ホークスはつまずいた。四月を終わり、23試合で7勝16敗。ふがいない戦いぶりで最下位転落。二年目の奮起に期待するファンの怒りは早くも沸点に達した。

五月七日、大阪・日生球場の近鉄戦ではスタンドに、王監督の背番号をやゆした「89（野球）の下手な王監督」の横断幕が登場、さらにフロントの瀬戸山隆三球団代表（当時、現ロッテ球団代表）をも批判する「瀬戸山代表もやめろ」という横断幕が掲げられた。

九日の同カードでは試合終了後に観客の一部が暴徒化し、敗れたダイエーのバスを取り囲んで生卵を投げつけるという騒ぎが起こった。王監督が初めて味わう屈辱だった。

「王監督にとって初めての経験でした。ファンは勝てば喜んでくれるが、負ければこういうものだと骨身に染みて感じられたと思います。王監督は選手に一貫して、頑張るしかないと前向きに話されていましたが、辛かったと思います」

六月にやっと武田、内山がそれぞれ月間3勝を挙げて、チームは13勝11敗と初の月間勝ち越しを決めた。続く七月には武田が負けなしの5連勝をマークするなど好調で、10勝6敗とチーム成績は上向いてきた。

しかし、八月は12勝14敗と失速。九月には4勝13敗（1分）と大きく負け越すと、今度は首都圏のファンが騒いだ。

九月十六日の西武戦（西武球場）の試合後、左翼の外野席から発炎筒が投げ込まれ、騒然とした中で約百人が抗議の横断幕を掲げて、約一時間十分にわたって居座るという〝事件〟も起こった。

「よく王監督と私、二人でやけ酒を飲みました。王監督からは不成績の責任を取らないといけないとか、契約金（五年）の残り三年分をお返ししたいなどと弱音も出ました。中内（功）オーナーからは、フロントが連敗しない仕組みを考えて説明に来いと、私がしょっちゅう叱られました」

だが、チーム上昇の兆しは見えず、このシーズンは54勝74敗2分で終了した。

勝率4割2分2厘は、巨人時代も含めて王監督のワースト記録（当時）で、屈辱の最下位に沈んだ。

右：プロ入り初本塁打を放ったルーキーの井口（1997年５月３日，対近鉄戦）／上：王監督を中心に円陣を組むナイン（８月７日）。この日オリックスに敗れ７連敗

城島を指導する若菜コーチ

［14年間の証言］

若菜嘉晴
「城島を育てろ」

就任早々、自ら別府大学付属高校まで足を運んで口説き落とした城島健司は、生粋の「王チルドレン」。王監督の就任三年目のこの年、城島は１２０試合でマスクをかぶった。高校通算70本塁打の逸材ながら、入団後二年間はわずか29試合の出場に止まっていたが、三年目でついに正捕手の座を得た。その陰には、バッテリー担当として入団した若菜嘉晴コーチの奮闘があった。

「王です」。前年の一九九六年秋、大阪にいた若菜コーチの携帯電話が鳴った。若菜コーチの耳に「ダイエーホークスの王です。力を貸してほしい。城島を一人前にしたい。そのためには全面的に協力する」と話す王監督の熱っぽい声が届いた。福岡は生まれ故郷。城島を日本一の捕手に育てるプログラムがスタートした。若菜コーチはまずロッテからベテラン捕手の田村藤夫を獲得するよう進言した。口で教えるよりプロ二十年目の生きた見本を、城島が肌で感じられるようにした。

「ジョー（城島）と一緒に街を歩いていても、前を歩く女性は右に曲がる？左に曲がる？　なんて問題を出しましたね。そういうことを通して、キャッチャーは常に観察し、相手の行動を予測することが大事だと教えました」

1997

8月16日、日本ハムに敗れ4位に転落。グラウンドにメガホンが投げ入れられた

上：6月25日の西武戦で3試合連続となる無四球完投勝利を挙げた吉武／下：監督として通算500勝目を挙げた王監督（7月28日、対近鉄戦）

まさに毎日が戦い。試合中より終了後の監督室でのやりとりが熾烈（しれつ）だった。

「王監督は城島の打者としての才能を見抜いていたから、シーズン途中にはバッターに専念させようと言い出したこともあった」

毎日が言い争い。王監督も若く、若菜コーチもけんか腰で、城島の起用法で意見をぶつけ合った。ときには城島自身も加わり、試合中のベンチで激しい口論になったこともあった。城島も当時を振り返り、「王監督はぼくのことを、なんて生意気なガキだ、と思っただろうね」と懐かしむ。

チームは結果的に前年の最下位からAクラス目前の4位まで浮上する。城島は通算打率3割8厘とバットでも本領を発揮した。若菜コーチの「正捕手・城島」育成は、一九九九、二〇〇〇年のリーグ連覇、そして日本人捕手初のメジャーリーガー誕生というかたちで大輪の花を咲かせていく。

「王監督を胴上げしたいという思いが強かった。だから、たとえ一年で辞めてもいい、というつもりで王監督にはっきりと意見を言った。これがコーチの仕事だと思っていた」

コーチ対監督の熱っぽい真剣勝負が選手にも伝わり、万年Bクラスに甘んじていた選手の意識を変えていった。

the top

FDH
SHIMADA
80

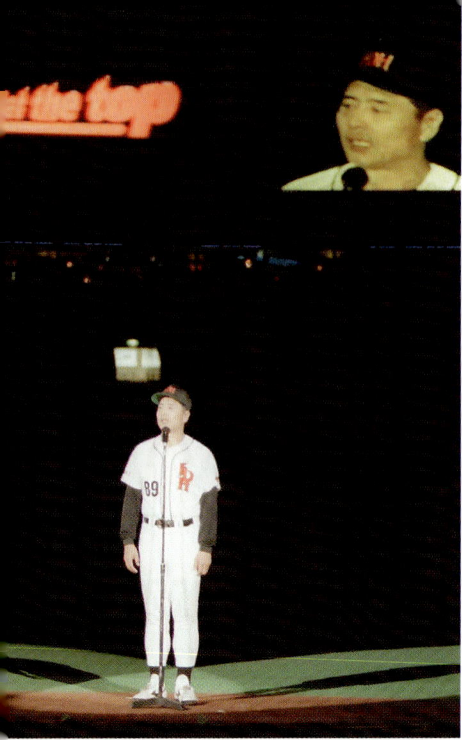

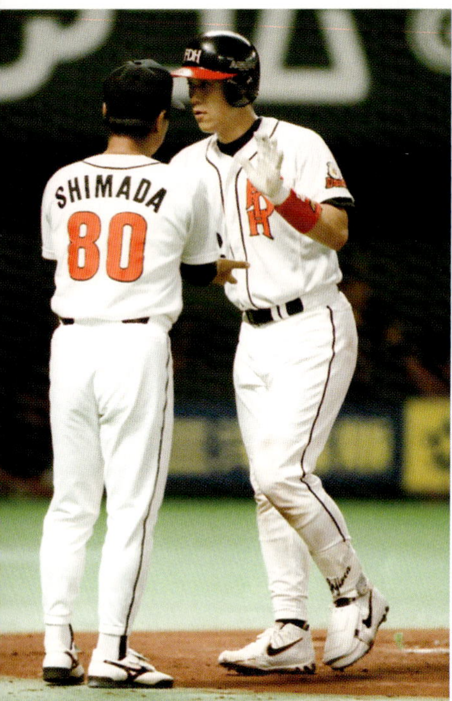

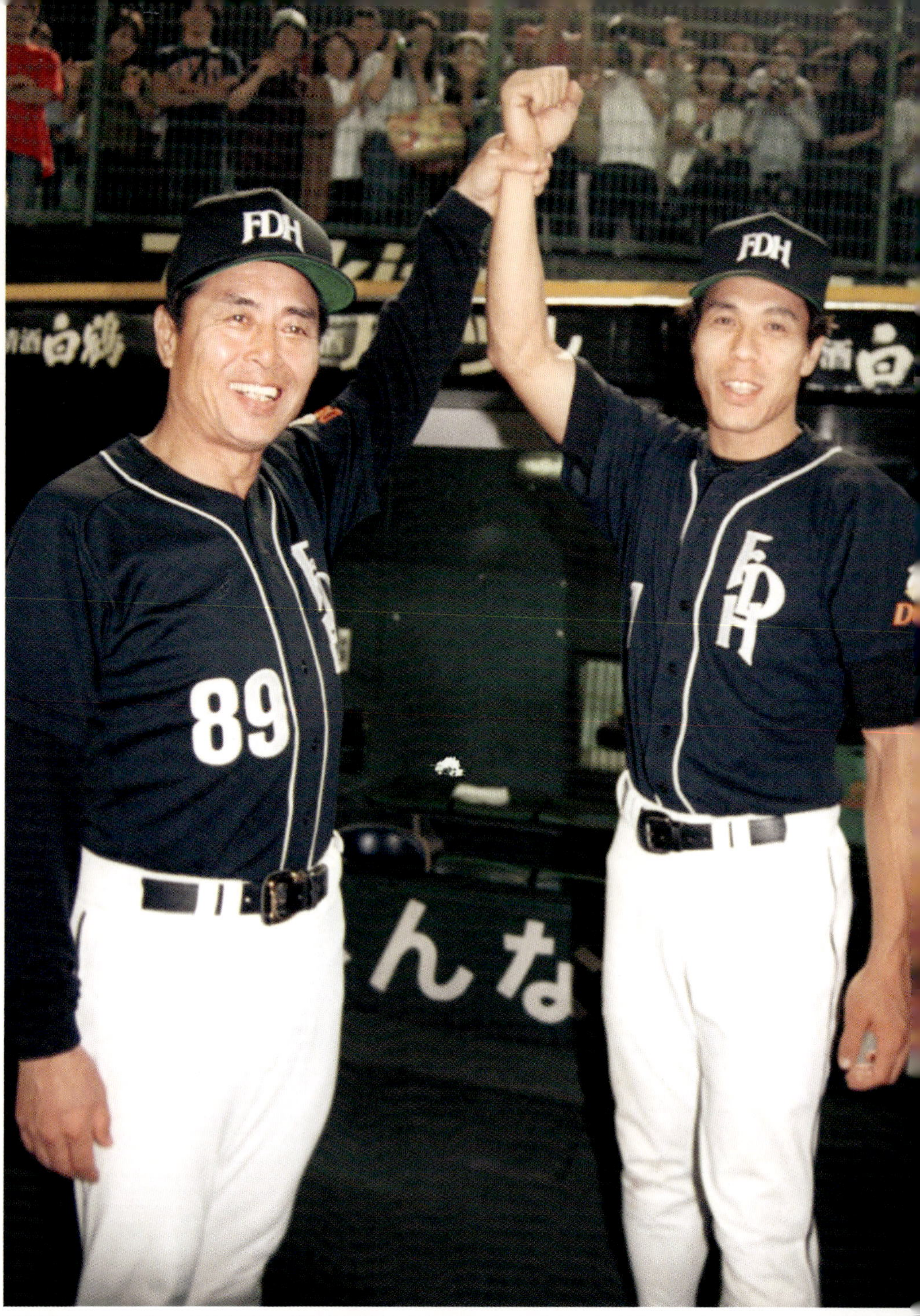
FDH
FDH
89
白鶴

FDH

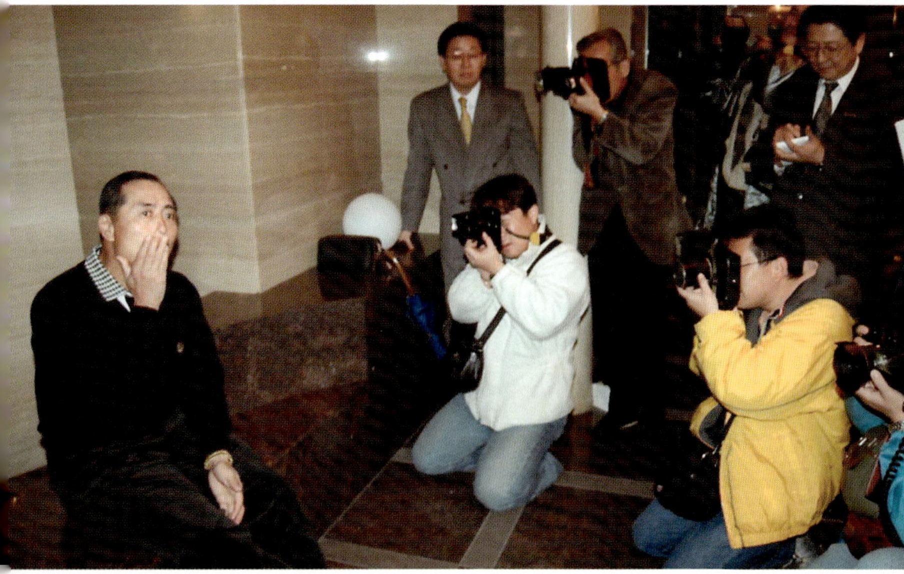

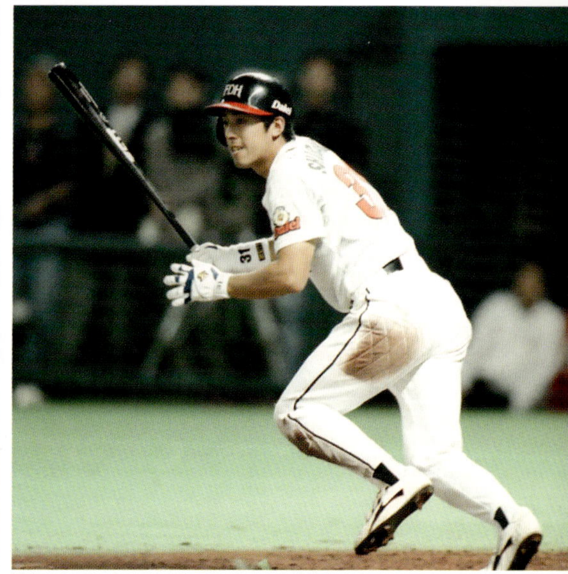

1998

［右ページの写真］右上：1998年6月16日，対オリックス戦で，ダイエーの監督通算200勝を挙げ，通算400本塁打を記録した秋山と笑顔を見せる王監督／右下：打率6位でパ・リーグのベストナインに選ばれた柴原／左上：ファン感謝デーで挨拶をする王監督（11月29日）／左中：この年，4試合連続を含む16本塁打を放った城島／左下：スパイ疑惑について自宅前で会見を行う王監督（12月9日）

王監督と話をする黒江助監督

［14年間の証言］

黒江透修
「V9巨人の血脈」

4番・小久保、正捕手・城島、左右のエース・工藤、武田、大黒柱の秋山。チームの核は固まってきた。あとはチームを動かすために「油」を注ぐだけだ。王監督はかつてV9巨人の盟友だった黒江透修氏に助監督兼打撃コーチ就任を依頼する。

「家族は反対したよ。ちょうど中一になる娘もいたし。でも荒川道場の兄弟子を男にしなきゃいかんと思ったんだ。王を優勝させられなかったら玄界灘に飛び込む、とまで周りには言っていたな」

黒江助監督の油は、チームを動かす燃料油であり、監督と選手の間の潤滑油でもあった。

「王監督は激情家だったよ。ミーティングでも机をドンドン叩き出す。でも、オレは選手に言ったんだ。試合が終わって監督が怒るのは、君たちがちゃんとやっていないということ。監督にミーティングをやらせるな、てね」

黒江助監督の下で柴原、村松ら渋いバイプレーヤーが育っていく。

「王監督はよくミーティングで、中途半端な打撃はするな、と言っていた。長距離打者だからね。でもオレなんかは柴原によく『叩きつけろ』と言ったもんだよ。人工芝ではいざとなったら叩きつけさせた。そうやってチームプレーを覚え込ませたんだ」

こんなことがあった。走者一塁、カウント2－0で王監督のサインは「ヒット・エンド・ラン」。フォークボール全盛の時代で、空振りすれば三振ゲッツーとなりチャンスは一気につぶれる。ある日、選手が黒江助監督に「せめてラン・エンド・ヒットのサインにしてもらえないか」と懇願してきた。黒江助監督がそれを王監督に伝えると、「どうせストライクでも、ボールだと思って見逃したと、言い訳する選手が出るだけだ。最後までやらせてくれ」と受けつけない。それならば、と黒江助監督は、ボール球でもファウルにする練習を徹底させた。監督の哲学と体面を保たせながら、最良の手段を学ばせる。こうして王監督と選手との距離は見事なほど埋まっていった。

「王は頑固だよ。頑固じゃないと一本足打法なんてできない。現役時代、王が756号を打ったときはうれしかったね。彼が炎天下の中で猛練習していたのを知っていたからね」

この年の勝率はちょうど5割。歓喜の瞬間は近づいていた。

1999

［王ホークス戦いの軌跡］

悲願のリーグ初優勝，そして日本一

王監督のホークス五年目は逆風の中でスタートした。前年一九九八年十二月に地元紙「西日本新聞」に福岡ドームでサイン盗みのスパイ行為があったと報じられ、球団社長が解任される騒動となった。親会社のダイエーの経営難、前年に発覚した小久保、ヒデカズらの脱税事件に続く不祥事に球団は揺れた。一九九九年四月三十日には、根本陸夫球団社長が心筋梗塞で急死するという悲しい出来事も起こった。

しかし、逆境の中で王監督の闘志はむしろ燃え上がった。四月を11勝9敗と勝ち越すと、五月には待望の単独首位。六月に7連勝と6連勝を記録。南海時代の一九六六年以来、三十三年ぶりの首位で球宴までの前半戦を折り返した。勝負の夏も八月に4連勝、5連勝と独走モード。八月三十一日にロッテを下し、ダイエー球団初のマジックナンバー20を点灯させ、ついに九月二十五日、本拠地・福岡ドームで歓喜のゴールに飛び込んだのだった。

11勝7敗の工藤は防御率1位（2・38）とシーズンMVPに輝いた。若田部は五年ぶりの10勝をマーク、一九九七年ドラフト組の永井、星野（ともに10勝）が活躍した。救援の藤井（最多ホールド26）、篠原（勝率1位、9割3分3厘）も大車輪の働きでタイトルを獲得。シーズン途中に来日したペドラザも30セーブポイントを挙げ、救援陣の「勝利の方程式」は初優勝の大きな原動力になる。ダイエー球団創設十一年目での栄光。南海時代の一九七三年以来二十六年ぶりの優勝だった。

日本シリーズでは星野監督の率いる中日と顔を合わせた。福岡ドームでの第一戦は、工藤が13三振を奪う完封ピッチングと、秋山のシリーズ1号などで3－0として先勝。第二戦は先発・若田部が崩れて敗れたが、ナゴヤドームに舞台を移しての第三戦は先発・永井から篠原、ペドラザが完封リレー、城島の1号も飛び出して5－0で完勝した。第四戦は小久保の1号、先発・星野から篠原、ペドラザとつないで3－0の零封勝ちで王手をかけた。第五戦でも先発・佐久本から藤井－吉田－篠原－ペドラザと勝利の方程式でつなぎ、王監督が敵地での胴上げで宙にに舞った。

4月30日に他界した根本前監督の遺影をベンチに掲げ，必勝を誓う王監督（6月8日，福岡ドーム）

右上：９月25日の日本ハム戦に勝利し，ついにパ・リーグを制覇。王監督が宙に舞った／左上：ファンの声援に応えるダイエーナイン／下：勝利の方程式を支えた（左から）篠原，藤井，ペドラザ

1999

下右：ペナントを掲げ喜ぶダイエーナインと中内オーナー親子／
下左：祝勝会で次女の理恵さんからビールをかけられる王監督

上：日本シリーズで中日を破り，再び宙に舞う王監督（10月28日）／中・左：中内功オーナー（左），王監督を始めとするメンバーが福岡市内をパレード。沿道には多くのファンが駆けつけた（11月７日）／下：Ｖ旅行でハワイへ。左は恭子夫人（12月15日，ハワイプリンスホテル）

1999

［14年間の証言］

秋山幸二
「日本一の主将」

秋山はプロ十七年目を迎えていた。この年、古巣・西武には松坂大輔（現レッドソックス）が入団。三十七歳対十八歳。年の差対決は話題を呼んだ。

「高校出ルーキーであれだけ騒がれながら、結果を出していたから、大したものだよ。いい投手が出てくると、バッターも勉強するから、技術も高くなる。西武の黄金時代は、相手の五球団はエースばかりを当ててくるから、打者もレベルを上げてもらった」

その名勝負はシーズン終盤、とんでもない〝事故〟を引き起こす。

幕開けから波乱含みだった。スパイ疑惑騒ぎに、親会社の経営不振とグラウンド外は大揺れだった。一月の監督会議では王監督が十一球団の前で、騒動を起こしたことを謝罪する一幕もあった。とはいえ、グラウンドでは五年目の王野球が花を開かせようとしていた。五月九日の西武戦（西武ドーム）で首位に立つと、七月七日に一度ロッテに同率で並ばれただけで、快調なペースでトップを走った。主将の秋山も七月二十二日のオリックス戦（神戸）で張本勲に次ぐ史上二人目の「400本塁打300盗塁」を記録する。

順風満帆、王ダイエーのキャプテンを〝事故〟が襲ったのは九月八日（福岡ドーム）のことだった。1・5ゲーム差をつけた2位・西武との天王山。2回1死二塁の場面、秋山の左頬に先発・松坂が投じた144キロの直球が直撃。「左頬骨骨折」で全治二、三週間の診断を受けた。

王監督は「秋山は精神的な柱。試合に出なくてもベンチに入ってもらう」と抹消を見送ったが、秋山の鉄人ぶりは王監督の思惑をも超える。わずか十日後にはフェイスガード付きのヘルメットで代打復帰。そしてホークスがリーグ初優勝を決めた九月二十五日の日本ハム戦（福岡ドーム）では「1番・右翼」で先発出場し、試合の流れを決める先頭打者本塁打を放った。

「いつものようにミーティングして、打席に入れば恐怖心は消えていたよ」

中日との日本シリーズでも、初戦から2試合連続本塁打を放つなど若いホークスを引っ張り、シリーズ通算打率3割、2勝利打点の大活躍。4勝1敗で王監督を日本一の胴上げに導くとともに、秋山自身もシリーズ史上最年長のMVPに輝いた。このころから王政権の後継者として、秋山の名前が次第に強く刻まれていった。

9月25日、リーグ優勝を決める試合でフェイスガードをつけて先頭打者ホームランを放った秋山

2000

［王ホークス戦いの軌跡］

リーグV2，夢のON対決が実現

前年オフ、パ・リーグMVPに輝いた工藤がFA交渉のもつれから、権利を行使して巨人に移籍した。中日に移籍した右の武田一浩に続いて工藤もいなくなり、わずか二年で右と左のエース二枚が球団を去るという、異常事態での船出となった二〇〇〇年。王ダイエーは開幕から4連勝と絶好のスタートを切ったが、悲劇は四月十三日の西武戦で起こった。

8回の守りで城島がファウルチップを右手甲に受け、負傷。「右第二中手骨骨幹部骨折」で全治二カ月と診断され、戦列を離れた。

四月に6連敗、六月には5連敗を喫したが、直後に3連勝して盛り返し、二十九日には首位に立った。

七月一日には城島が先発復帰。七月二日には王監督が巨人時代から通算して監督勝利700勝目をマーク。

八月十八日のロッテ戦では、秋山がドラフト外入団では初の2000本安打を達成した。

しかしその後、3連敗、5連敗と失速し、三十日の時点で首位・西武に3・5ゲーム差とされ、自力優勝消滅の大ピンチに陥った。

しかし、九月に入ると、小久保、松中、城島、秋山の長打力を軸にした勝負強い打線の力で奇跡的な逆転勝ちを収め首位奪回、ついにマジックナンバーを点灯させた。

胴上げは十月七日、本拠地・福岡ドームでの最終戦だった。オリックスを下し、リーグ連覇を決めた王監督がナインの手で宙に舞った。

手薄な先発投手陣を助けて、長冨、吉田、渡辺正和ら中継ぎ陣が踏ん張り、チーム勝ち頭は9勝の若田部、永井、篠原、吉田。両リーグを通じて初の、二ケタ勝利が一人もいない優勝だった。逆転勝ちは35試合、1点差の勝利は24と接戦での強さが目立った。リーグMVPには松中が選ばれた。

日本シリーズでは、日本中のプロ野球ファンの夢を実現させて長嶋巨人と対決した。

東京ドームでの第一戦。ダイエーは先発・若田部を4回で降ろし、渡辺、田之上、吉田、ペドラザという得意の継投策。巨人の先発・工藤から城島、松中が本塁打を放つなど5－3で先勝した。

第二戦は城島が2ランを含む4打点と気を吐き、先発・永井から六投手のリレーで8－3と快勝した。しかし、福岡ドームに舞台を移すと、巨人の強力打線が爆発。3－9、1－2、0－6、3－9と4連敗。

王監督の悲願だった、長嶋巨人を倒しての日本シリーズ連覇はならなかった。

特大絵馬に２連覇を祈願する王監督（２月22日）

右上：笑顔の王監督／右中：開幕戦で秋山，松中に続き本塁打を放った小久保をナインが祝福（４月１日，対ロッテ戦）／右下：城島を迎える王監督（７月２日，対近鉄戦）。この日，監督として通算700勝目を挙げた／左上：開幕戦で一塁コーチを務め，本塁打の松中を迎える／左下：理恵さん手作りの還暦祝いのケーキをパクリ（５月20日）

2000

上：リーグＶ２を達成，ベンチを飛び出すナイン（10月７日）／下：王監督が２年連続で宙を舞った／左：ドラフト外入団選手として初めて2000本安打を達成した秋山（８月18日，対ロッテ戦）。花束を手に登場した愛娘・真凛ちゃんを抱きかかえる

「ＯＮ対決」の決戦前日，握手をする王監督と長嶋監督（10月20日，東京ドーム）

二十世紀の日本を代表するスポーツ・プロ野球。その象徴である「ＯＮ」が、二十世紀最後の舞台で激突した。

連覇のかかったダイエーは、エース・工藤のＦＡ権行使による巨人移籍の影響もあり、六月までは低迷した。

しかし、夏場から吉田、渡辺正和、篠原、ペドラザの中継ぎ・抑え陣が安定し、さらに右の小久保、左の松中、主軸の二人が競い合うように本塁打を量産。正念場の九月に9連勝を飾るなど、二年連続でリーグを制覇し、すでにセ・リーグ優勝を決めていた長嶋巨人とのシリーズに駒を進めた。

「二十世紀末のプロ野球界において、ＯＮ対決と言われてきましたが、今ここに決定した瞬間、野球人としての（世紀の）有終の美を一つ飾ってみようと……。また気持ちを新たにしました」

長嶋監督は盟友・王監督との対戦が決まると、喜びを隠さなかった。

一方、泰然自若を常とする王監督も、

「二〇〇〇年という区切りの年に戦う機会がめぐってきたことは、何か因縁めいたものを感じる」

と珍しく意気込んだ。

2000

10月13日に亡くなった藤井選手を偲ぶ会で弔辞を読む王監督（11月23日）

城島と工藤。かつてのチームメイト同士の対決がここにも（10月21日，日本シリーズ第１戦）

［14年間の証言］

長嶋茂雄
「至福のＯＮ対決」

日本中が注目する一戦を前に、王ホークスを衝撃が襲った。

一つは南海から球団を買収し、福岡に移転させた功労者である中内功オーナーのダイエー本社会長職の辞任。

そして、中継ぎエースであり、ホールド王、若いチームの頼れる兄貴分だった藤井将雄さんの早すぎる死（享年三十一）。負けられない理由は多かった。

十月二十一日、東京ドームで開幕した日本シリーズは、ダイエー2連勝のあと4連敗。城島のシリーズタイ記録となる4本塁打も実らず、王ホークスは敗れた。敗戦の将となった王監督は、

「本来の力を出せば勝てる相手だった」

と悔しがった。勝った長嶋監督も後日、次のように語った。

「王監督と敵味方に分かれたことで、シリーズ序盤は集中力を欠いてしまいました。こういう機会は今年一年でいいんじゃないでしょうか」

人一倍の負けず嫌い、闘争心の旺盛な二人だけに、王監督を「敵」と見る辛さがミスターの胸中にあった。

そして、長嶋監督は翌二〇〇一年、ユニホームを脱いだ。

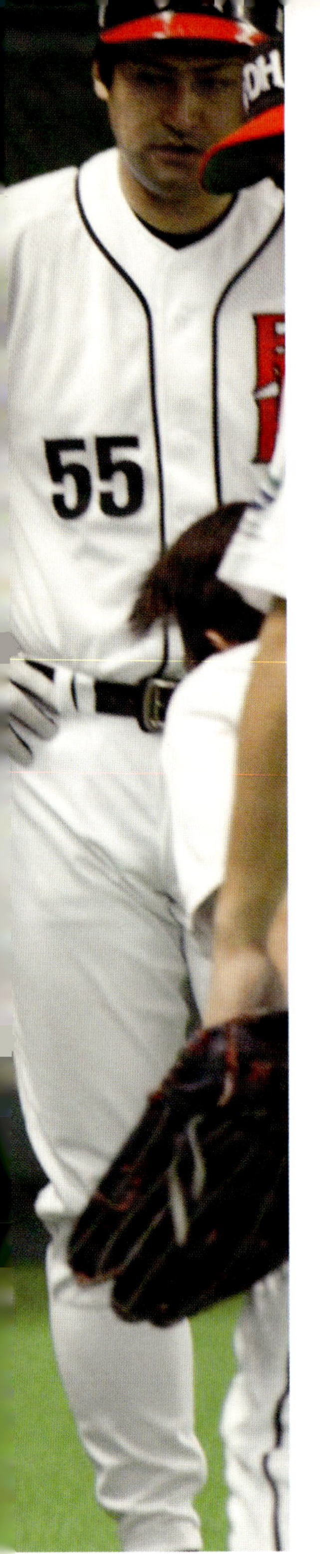

2001-2003

［王ホークス戦いの軌跡］

若い投手陣が大暴れ，挑戦者として再び頂点へ

三年連続のリーグ優勝を目指した二〇〇一年、王ダイエーは76勝63敗（勝率5割4分7厘）の2位に終わった。優勝した近鉄とは3ゲーム差だった。

打線は活発で、小久保（44本）、松中（36本）、城島（31本）、井口（30本）の四人が30本塁打以上を記録して、パ・リーグでは史上初の「30本カルテット」が誕生するなど、チーム最多記録となる741得点、203本塁打をマークした。

それでも、ローズのシーズン最多記録タイとなる55本塁打を筆頭に、十二球団トップのチーム打率2割8分、211本塁打を記録した「いてまえ打線」の近鉄の後塵を拝した。

翌二〇〇二年、王ダイエーはプロ野球史上初の台湾での公式戦（五月十四・十五日、対オリックス、台北天母球場）を行った。台湾の英雄・王監督の凱旋試合に現地の「棒球」ファンは熱狂した。

しかし、ペナント争いでは五月十八日に西武の単独首位浮上を許すと、一度も追いつけずに、近鉄と並んで同率2位に終わった。打線は活発で、チーム打率、得点とも西武に次いでリーグ2位だったが、投手力がふるわず、チーム防御率と失点はリーグワースト2位と低迷した。

二〇〇三年は四月に5連勝して首位に立つと、さらに4連勝、五月には7連勝して西武、近鉄との混戦をリード。杉内、ルーキーの和田、新垣と若い先発投手が活躍し、四月十四日から十八日にかけて4試合連続完投勝利（杉内＝完封、新垣＝プロ初勝利、和田＝二〇〇三年の新人完封第一号、寺原＝プロ初完投）を記録。南海時代の一九七七年以来の快挙だった。

若い投手陣をまとめた八年目の斉藤和巳は16連勝を含め、パ・リーグでは十八年ぶり（一九八五年、阪急・佐藤以来）の20勝を挙げた。磐石の投手陣と、プロ野球記録のチーム打率2割9分7厘、3割打者六人（井口、柴原、城島、村松、松中、バルデス）、100打点以上四人（松中、城島、井口、バルデス）の強力打線に支えられ、王ダイエーは六月十日以降、一度も首位の座を明け渡すことなく、2位・西武に5・5ゲームの大差で三度目のリーグ優勝のゴールテープを切った。

王ダイエーにとって三度目の日本シリーズは、星野監督率いる阪神との対戦となった。

ベンチ前の円陣でナインを鼓舞する王監督（2003年）

福岡ドームでの第一戦は城島の先制1号をはじめ、先発全員安打で5－4として先勝。第二戦は城島の2試合連続2号とズレータ、バルデスの本塁打などで13得点を挙げ、先発・杉内が8回無失点の力投で抑え込んだ。甲子園に舞台を移しての第三戦は、三番手・篠原が打たれてサヨナラ負け。続く第四戦も延長10回に新垣が金本に決勝本塁打を浴びて連日のサヨナラ敗戦。第五戦は先発・斉藤が崩れて、阪神に王手をかけられた。

福岡ドームに戻っての第六戦は、井口の先制2ラン、バルデスのダメ押し3号を杉内－岡本の継投で守り切り、5－1で王ダイエーが逆王手をかけた。そして第七戦、井口の2ラン、城島の2本塁打で6点を奪うと、先発・和田が2失点でシリーズ初の完投勝ちし、王ダイエーが二度目のシリーズ制覇を果たした。

上右：バットを折りながらもホームランを打つ松中（2001年６月２日，対西武戦）／上左：松中，小久保，井口とともに本塁打30本超えを果たした城島だが，この日は意表をつくセーフティーバント（７月29日，対近鉄戦）／中右：村松がホームを突く（３月31日，対日本ハム戦）／中左：サヨナラ本塁打を放ちナインに祝福される小久保（４月29日，対近鉄戦）／下右：８月29日，日本ハムに勝利し，城島をねぎらう王監督／下左：初先発で勝利を挙げた山田（３月28日，対近鉄戦）

2001

［14年間の証言］

田之上慶三郎

「55本を守れ」

ローズ、中村紀洋（ともに近鉄）、カブレラ（西武）、小久保（ダイエー）による驚異的な本塁打王争いが展開した。

まずはローズがシーズン98試合目で、一九六六年、六七年の王（巨人）、八五年のバース（阪神）に次ぐプロ野球史上2位のスピードで40号の大台に到達。カブレラも八月二十五日のダイエー戦で、早くも西武球団新記録の44号本塁打を放つなど、八月終了時点でローズ47本、カブレラ44本。日本人大砲も中村、小久保がともに37本と量産していた。

このころから、王監督が一九六四年に記録したシーズン記録55本塁打との比較が始まる。偉大な記録が破られる危機に、王監督本人は意識しなくとも、周囲にピリピリとした緊張が走った。

一方、ダイエー投手陣ではプロ十二年目のベテラン右腕・田之上慶三郎が抜群の安定感でチームを支えた。六月二十九日のロッテ戦で初の完封勝利を飾るなど、ローテーションの柱として活躍。八月六日のロッテ戦で早くも自己最多の9勝目をマークした。

この年、勝率1位を記録した田之上

九月三十日の近鉄戦。先発の田之上に試練が訪れた。白熱の本塁打レースを抜け出したのはローズだった。

「さすがに55本まで来て、（これ以上）打たせるわけにはいかなかった。何としてもホームランだけは阻止したかった」

すでに近鉄はリーグ優勝を決めていたが、その最終戦、王監督と並ぶ55本塁打で福岡ドームに乗り込んできた。

賛否両論を巻き起こした二度の敬遠。残りの2打席も真っ向勝負は避けた。ベンチの指示だったが、田之上は思い返す。

「内心では勝負したい気持ちもあったが……。今、振り返っても辛いシーズンです」

最終的な球団別の被本塁打数を見ると、ダイエーはローズに13本（リーグワースト2位）、中村は12本（同ワースト1位）、カブレラ10本（同ワースト2位）と見事に打ち込まれている。その上に目前で記録を抜かせるわけにはいかない。王監督の意思とは別に、コーチ陣と田之上があえて泥をかぶった。

この試合で13勝目を挙げた田之上は勝率1位を確定させた。ほろ苦い思い出はプロ初タイトルの喜びが払拭した。

王監督にサインをもらうローズ

上：10回裏，城島のサヨナラ打にバンザイでベンチを飛び出す王監督（９月29日，対西武戦）／下：秋山の引退試合セレモニーで，秋山に花束を渡す王監督（10月６日）

上：台湾メディアのインタビューに答える王監督（2002年５月14日）／下：試合前の練習で肩慣らしをする王監督

2002

（左から）永山チーフスカウト，新垣，小川編成部長，山崎スカウト

［14年間の証言］

小川一夫
「和田，新垣を獲れ」

投手陣の不振がシーズン成績に直結した。先発陣に故障者が多く、規定投球回数に達したのは、わずか二人。勝利数でも若田部の10勝が最多。さらに一九九九年、二〇〇〇年の連覇を支えた吉田、渡辺正和が三十六歳、長冨が四十一歳と、中継ぎ陣も世代交代を迫られていた。

この年のチーム防御率はリーグ5位に沈んだ。投手、特に先発投手の獲得は急務だった。

「あのときは投手が整備されていなかった。野球は失点を計算し、そこからどう得点するかを考えていくスポーツ。失点を計算して戦える態勢を作らなければ、安定して上位は狙えない」

苦戦するチーム状況にせき立てられるように、小川一夫編成部長は左右の即戦力投手をマークした。九州共立大学の新垣渚、早稲田大学の和田毅だった。相思相愛といわれた新垣はともかく、ヤクルト、中日、阪神、近鉄も狙っていた和田の獲得は困難が予想された。それでも小川部長はあきらめなかった。

「前の年（二〇〇一年）に杉内と和田が、台湾で開かれた四カ国対抗に出ていた。杉内もよかったが、和田はそのときから147キロを投げていた。あの年は松坂世代（に好選手）が多かったが、和田はなかでも目玉だった」

アマ球界の目玉選手をドラフトで総取りするダイエーの新人獲得術は、ときに非難を浴びた。しかし、そのテクニックは単純かつ明快だった。日参して誠意を見せる。沖縄水産高校時代、持病の右足痛で投球さえできなかった新垣から他球団が離れていく中、ダイエーのスカウトだけはリハビリまで見守り続け、信頼を得たのは有名だ。

早大四年の和田が江川卓（法政大学）の持つ東京六大学の奪三振記録443を更新し、通算476奪三振を達成する。

「王監督には、誰を獲れ、と細かいことは言われない。ただ、その年の即戦力を狙い、こういう選手が獲れそうです、と相談するぐらい」

小川部長から、和田が獲れそうだ、と伝えられた王監督はどれだけ喜んだだろうか。

投壊のシーズン。そのグラウンド外では投手王国の屋台骨が組み上がろうとしていた。この年のオフ、新垣、和田が相次いで自由獲得枠でのダイエー入団を表明した。

FDH
89

FDH

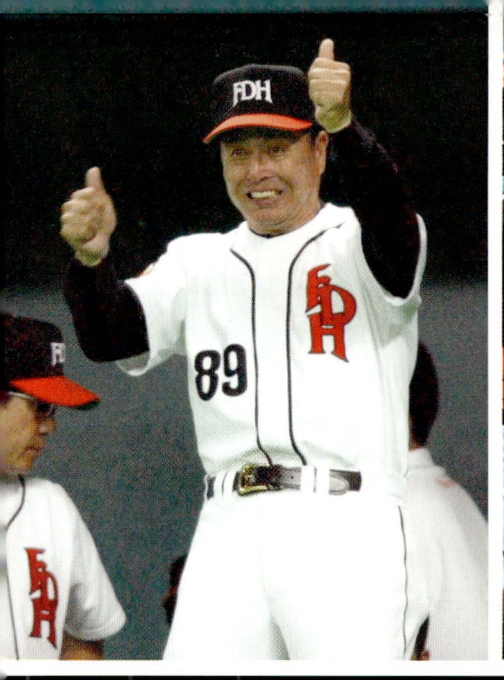

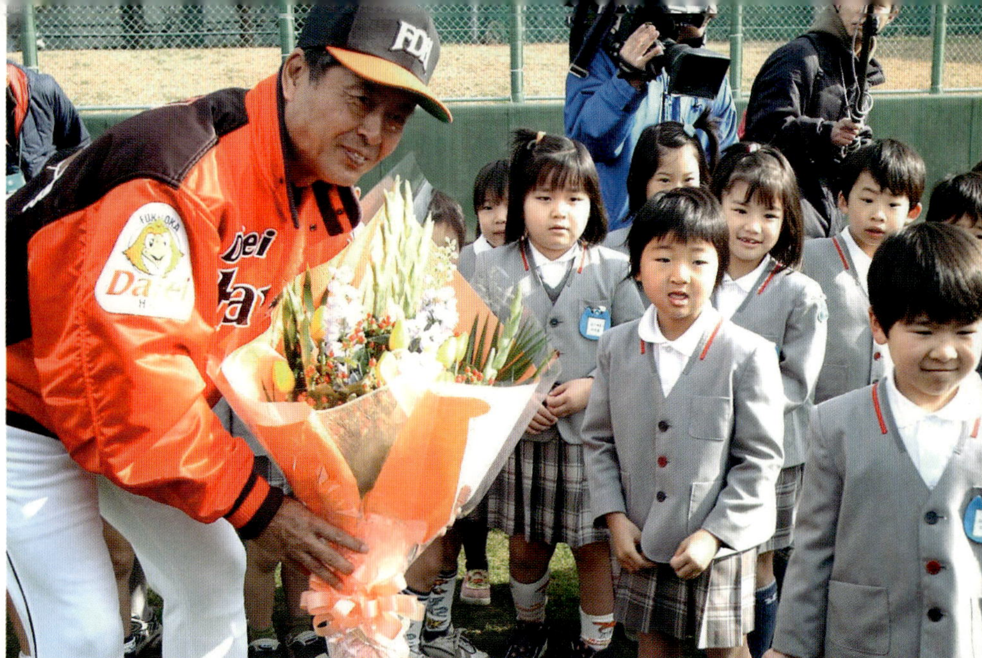

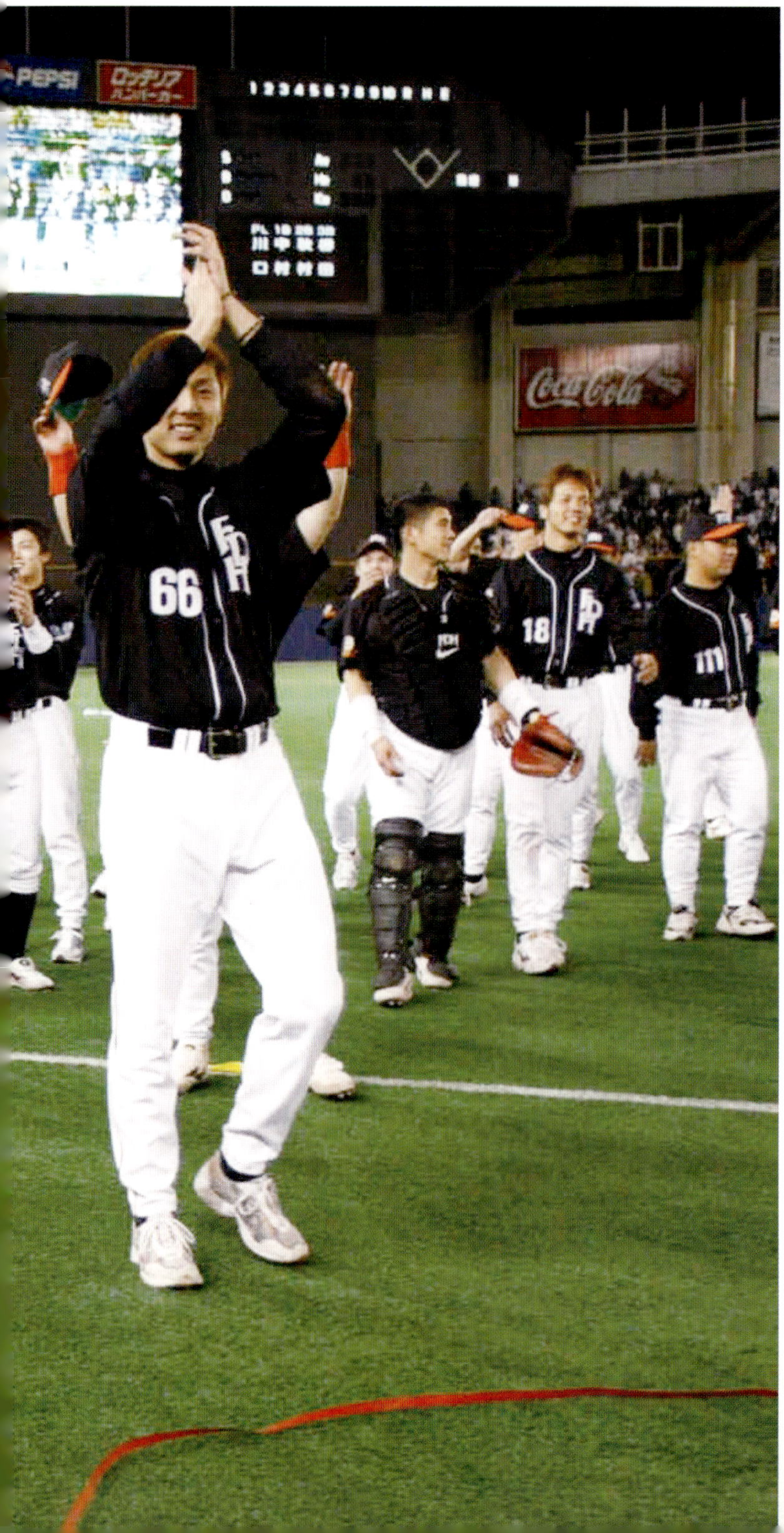
PEPSI
ロッテリア
ハンバーガー
Coca-Cola
66
18

Panasonic
おたっくす

FDH

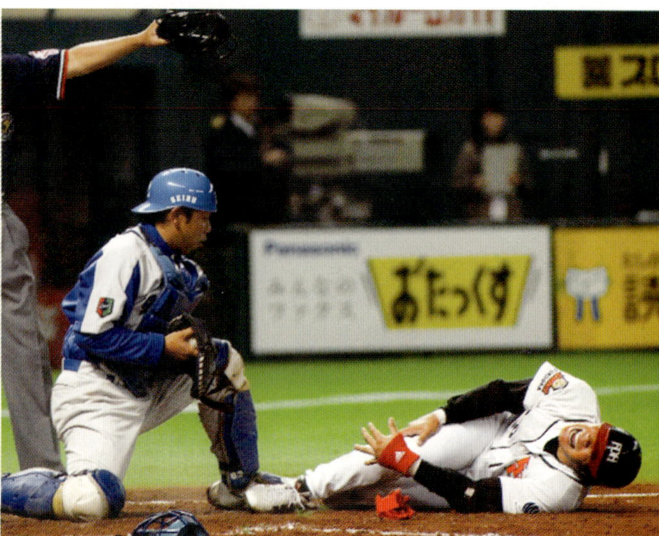

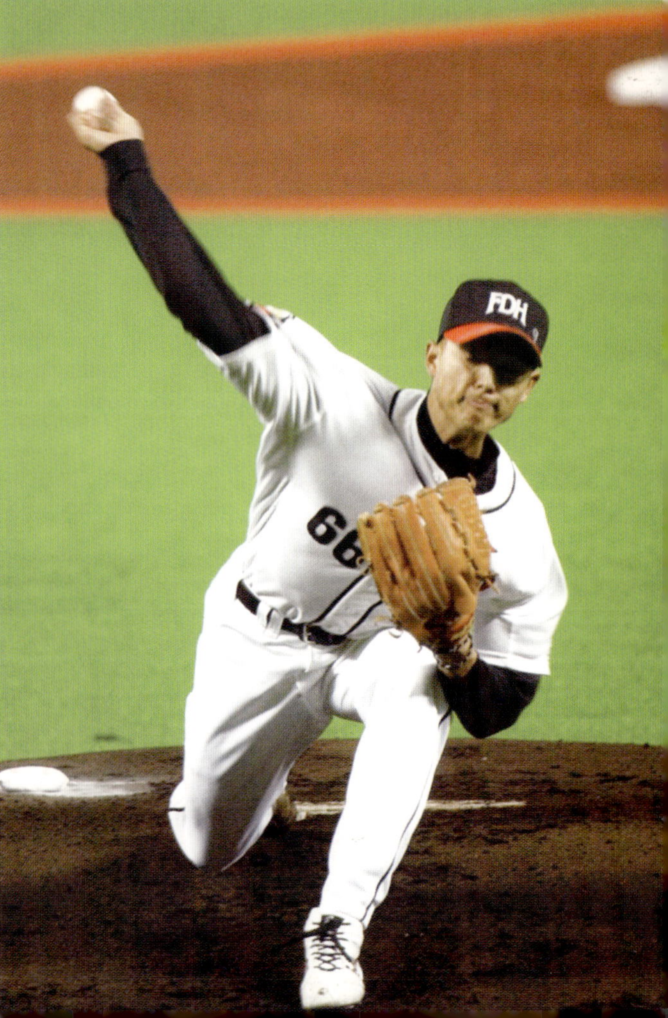

2003

[右ページ] 右上：幼稚園児からの激励に，笑顔を見せる王監督（2003年２月12日）／左上：ガッツポーズで喜ぶ王監督（７月５日，対ロッテ戦）／右中：４回無死一塁，松中の左中間オーバーの当たりで一走・小久保が生還，捕手・椎木のブロックに足を痛める（３月６日，オープン戦，対西武戦）／右下：開幕戦で勝利を挙げた斉藤和巳（３月28日，対ロッテ戦）
[左ページ] 上：９月30日の対ロッテ戦でリーグ優勝を決め，篠原と喜ぶ城島／下：同日の試合後，ファンに挨拶をする王監督とダイエーナイン

日本シリーズ第1戦，9回裏2死一・二塁，ズレータはサヨナラ打を放ち一塁ベース上でバンザイ（10月18日，対阪神戦）

［14年間の証言］

和田毅
「日本一の胴上げ」

王ホークス三度目の日本シリーズは、阪神を相手に第七戦までもつれ込んだ。福岡ドームで3勝、甲子園で3敗。迎えた本拠地での最終戦。先発のマウンドに立ったのは、ルーキーの和田毅だった。

「KOを食らったら、福岡にはもういられないぐらいの気持ちでした」

夏の甲子園、東京六大学、国際大会と大舞台を知る左腕も、さすがに震えた。三万六三四一人の大観衆が見守る中、第1球を投じた。

この年、和田は開幕5試合目の近鉄戦で先発デビュー。6回3分の2を3安打ながら、味方の失策などで5失点。黒星で始まったが、四月十六日のロッテ戦で初完封。五月六日のオリックス戦では7者連続を含む12奪三振と本領を発揮。20勝を挙げた斉藤和巳に次ぐ14勝（5敗）で、新人王に輝いた。

8完投（チーム最多タイ）、2完封（同最多タイ）、投球回数189回（同2位）という数字より、和田の存在価値を高めたのは、そのタフな肩だった。

斉藤、杉内、新垣、和田、寺原、ナイトと先発陣はそろっていたが、右肩を手術した斉藤の中六日ローテーションを守るために、さらに左手の血行障害を抱える杉内の屋外球場での登板を回避させるために、和田が再三の不規則ローテーションでその穴を埋めて見せた。中五日での先発が四度、中四日が一度あった。

2003

日本シリーズ優勝セレモニーで場内を１周する王監督とダイエーナイン（10月27日）

「一年目から先発を任せていただいて（中四日がどうだとか）そんなこと言えないし、言える立場でもない。チームのため、期待に応えようと必死だった」

その過酷なローテーションに耐え抜いた〝ご褒美〟が日本シリーズの最終戦だった。

首脳陣は和田を第二戦で先発させ、第六戦と二度、登板させる予定だった。ところが、ナイター開催の日本シリーズでは、甲子園は気温が下がり、杉内の負担が大きい。そこで杉内を第二戦、和田を第三戦の先発に回した。その杉内の踏ん張りで、第七戦を迎える。

「（ゲームセットの瞬間は）最高でしたよ。どうしたらいいかわからなかった」

マウンドで城島と抱き合った左腕は、そのまま王監督の体を高く、高く、宙に舞わせた。これが、王監督にとって最後の日本一だった。

９回２死，最後の打者を三振に打ち取り城島に飛びつく和田（10月27日）

2004-2005

［王ホークス戦いの軌跡］

ダイエーからソフトバンクへ、新時代の到来

　二〇〇四年のパ・リーグは、レギュラーシーズン3位までの球団によるプレーオフ制度を新たに導入した。ダイエーは開幕5試合で4本塁打を放つなど、松中の打棒がいきなり爆発。シーズン通算で打率3割5分8厘、44本塁打、120打点で三冠王に輝いた。

　また、ズレータ（37本）、城島（36本）、井口（24本）も好調で、川崎は最多安打（171、松中とタイ）と盗塁王（42）の二つのタイトルに輝き、チーム打率2割9分2厘、本塁打183とリーグトップを記録するなど、強力打線が威力を発揮。77勝52敗4分（勝率5割9分7厘）で、2位・西武に4・5ゲーム差をつけてレギュラーシーズンを1位で終えた。

　プレーオフは第一ステージでシーズン3位の日本ハムを下した西武と第二ステージで対戦したが、惜しくも2勝3敗で敗退。レギュラーシーズンで圧勝しながら、王監督は就任十年目の節目を飾れず、日本シリーズ目前で涙を飲んだ。

　二〇〇五年、ホークスの親会社がダイエーからソフトバンクに変わり、また楽天が新規参入し、オリックスと近鉄が統合してオリックス・バファローズが誕生。さらにセ・リーグとの初の交流戦がスタートするなど、パ・リーグは新時代を迎えた。

　レギュラーシーズンを1位で通過し、プレーオフも制しての二年ぶりの日本シリーズを狙う王監督は、開幕から勝負をかけた。いきなり5連勝でスタート。六月十四日から連勝街道をひた走り、二十八日にライバルのロッテをたたいて首位に立つと、七月六日まで15連勝を記録。その後は一度も首位の座を譲らず、ゴールを決めた。

　開幕から好調な杉内が三・四月度、五月度と連続で月間MVPを獲得すれば、エース斉藤和巳が四月二十七日から八月三十一日まで15連勝を記録した。救援陣も吉武が10試合連続ホールドのリーグ記録を更新し、六月に抑えに転向した馬原は月間6セーブを挙げて「新・守護神」の座を握った。

　本塁打（44本）、打点（121）の二冠を達成した松中、ズレータも43本塁打、打率3割1分9厘、99打点の活躍を見せた。レギュラーシーズンは通算89勝45敗2分（勝率6割6分4厘）と、文句なしの好成績で通過したが、2位・ロッテとの差は4・5。プレーオフで1勝のアドバンテージを得られる5ゲーム差にわずかに及ばず、それが結果的に響いた。

　プレーオフ第一ステージを勝ち上がったロッテと戦った第二ステージで、王ホークスは2勝3敗。二年連続で再び敗退してしまった。

FDH

上：監督通算1000勝を達成し，花束とウイニングボールを手にファンの声援に応える王監督（2004年６月７日，対日本ハム戦）／右下：開幕戦を完投勝ちし，川崎と握手を交わす斉藤和巳（３月27日，対オリックス戦）。川崎はこの年，最多安打と最多盗塁の二冠を達成した／左下：１回１死一・三塁，左中間に６試合連続の本塁打を放ち，ナインに迎えられる松中（７月23日，対ロッテ戦）。松中はこの年，三冠王に輝いた

2004

上：第15回世界少年野球大会に参加し，熱心にバントの指導をする王監督（８月２日）／中・左：選手会のストで９月18・19日の試合が中止となったが，福岡ドームでのダイエー選手のサイン会に駆けつけた大勢のファン。下はそのサイン会でちびっ子にサインをする城島（いずれも９月19日）

右：レギュラーシーズン１位を決め，グラウンドを１周する王監督とダイエーナイン（９月23日，対日本ハム戦）／左：プレーオフで西武に敗れ落胆の王監督とダイエーナイン（10月11日）

激動の年だった。近鉄とオリックスの合併に端を発したプロ野球の再編問題。七月七日、七夕の日に行われたオーナー会議で衝撃事実が発覚する。西武・堤オーナーが「パ・リーグでもう一組の球団合併が進行中」と発言。十球団制への流れが明らかになった。

最も有力視されたのはダイエーとロッテの合併だ。その背景にあったのは、ダイエー本社の深刻な経営危機。「身売り」の言葉が飛び交い、グラウンドに集中できない日が続いた。

「王監督は、オレたちは野球をやるだけだ、と目の前の試合だけに集中していました」

ダイエー球団管理部の監督付きマネージャーとして王監督の側近だった加藤康幸氏は、いつもながらその心の強さに感動していた。

ホークスには譲れない目標があった。この年からパ・リーグにプレーオフ制度が導入されて、レギュラーシーズンを1位で通過し、2位に5ゲーム差以上をつければ、1勝のアドバンテージが得られることになっていた。リーグ連覇、二年連続日本一のために「1勝のアドバンテージ」が合言葉だったのだ。

2004

ソフトバンクホークス誕生発表会にて（右は孫社長）

［14年間の証言］

加藤康幸
「ソフトバンクホークス誕生」

だが、目標にはわずかに手が届かなかった。十八年ぶりの三冠王に輝いた松中らの活躍で、レギュラーシーズンを1位で通過したが、2位・西武とは惜しくも4・5ゲーム差。プレーオフ第二ステージでの1勝のアドバンテージを逃し、西武に2勝3敗で敗れた。V逸のショックが消えない十月十三日、衝撃が走る。

ダイエー本社の産業再生機構活用が決定。球団は一体どうなってしまうのか。

現場で不安が広がる中、明るい光が差し込んだ。十月十八日、孫正義社長のソフトバンクが、ホークス球団の買収に名乗りをあげた。事態は急展開し、迎えたクリスマス・イブ、「福岡ソフトバンクホークス」が誕生した。

「王監督はとても喜んでいました。これで野球に集中できると。バイタリティー豊かで、カリスマ性のある孫オーナーとの出会いを大いに喜んでいました」

と加藤氏は振り返る。

日本プロ野球史上初のストライキが決行される騒ぎの中、楽天が五十年ぶりの新規参入、オリックスと近鉄の統合など、球界が揺れ動いた年、新生ホークスも産声をあげた。

[右ページ] 右上：福岡市名誉市民に選ばれた王監督と柔道の谷亮子選手（2005年１月28日）／左上：ソフトバンクの新しいユニホームを着た新垣，川崎をはさみ会見する王監督と孫オーナー（１月30日）／下：キャンプを打ち上げ，ファンと握手する王監督（２月26日）

[左ページ] 上：７回無死一塁，仁志のショートゴロを併殺する川崎（５月17日，対巨人戦）／右下：この年６勝目を挙げ，城島に祝福される杉内（５月17日，対巨人戦）／左下：お立ち台で扇子を手に笑顔を見せる（左から）バティスタ，ズレータ，カブレラ（８月21日，対西武戦）

2005

SoftBank
HAWKS
SoftBank
HAWKS
SoftBank
HAWKS

SoftBank
HAWKS

上：ジェット風船を打ち上げ盛り上がるホークスファン（8月31日，対ロッテ戦）／右下：プレーオフ第2ステージ（対ロッテ）の第3戦，延長10回，サヨナラの瞬間ガッツポーズでベンチを飛び出す王監督（10月15日）／左下：プレーオフ第2ステージの第5戦，喜ぶロッテナインを見つめる王監督らソフトバンクナイン（10月17日）

2005

［14年間の証言］

竹内孝規
「ソフトバンク元年」

親会社が変わる。その変革期はどんな小さな会社でも、星の数ほどの問題が噴出するものだ。

「めざせ　世界一!」をスローガンに掲げたソフトバンクが船出した。二〇〇四年はプレーオフで敗退したものの、ペナントレースは4・5ゲームの大差をつけての圧勝だったチームに、孫マネーが注入され、メジャー通算214本塁打のトニー・バティスタ内野手も入団。巨大戦力が整った。

華やかな表舞台を支えるため、福岡市内でスポーツマネージメント会社を経営していた竹内孝規氏が、球団顧問として迎えられた。経営母体はソフトバンクに変わるが、社員のほとんどはダイエー時代からの生え抜きだ。一九九五年の王監督就任の以前からダイエー球団に在籍し、王政権では初代監督付きも任された人物である。出向組との間の潤滑油として白羽の矢が立てられた。

「最初は軌道に乗ればすぐ自分の会社に戻るつもりだったし、途中で何度も辞めようと思いました。でも、次第に辞められなくなってしまった。ただ、この仕事が好きだった。だから続けられたのかな、と思います」

球団顧問に就任した竹内氏

顧問として迎えられたが、会社経営時代と比べ、月収は半分以下にダウンした。休日も年間に二、三日あるぐらい。そんな苦境にも耐えられたのは、ダイエー時代の監督・球団社長だった故・根本陸夫氏の言葉に支えられたからだった。

「おまえ、犬や猫が休むか?」

動物は生きるために一日も休むことなく動き回る。人間だって同じじゃないか。

「根本さんの言葉は妙に説得力がありましたね」

この男もまた、〝根本遺産〟なのかもしれない。

変革期には避けられない摩擦が生まれる。だが、キャンプ企画などを立案する際も、幹部から一般社員までプランを出させ、入社数年目の社員の案を採用したこともある。一斉送信の社内メールは、差出人だけではなく、送られた全員に返信する。「そうすれば自分の意見が全員に伝わる」。そうやって〝一つのホークス〟を作り上げてきた。

舞台裏で働く男たちの期待に応え、チームはレギュラーシーズンを2位・ロッテに4・5ゲーム差をつけて1位通過した。だが、再びプレーオフで涙を飲み、新生ホークスは初年度からつまずいたのだった。しかし、このとき、その先にまだ長い坂道が続くことを誰も予期していなかった。

2006-2008

［王ホークス戦いの軌跡］

世界一を目指しての戦い，そして病との闘い

二年続いて勝率1位になりながらプレーオフで敗退した王監督だったが、休む間もなくもう一つの決戦の舞台に向かうことになった。

二〇〇五年十二月九日、WBC日本代表チームを率いる王監督が日本代表二十九選手を発表、翌二〇〇六年二月、日本代表が福岡ヤフードームに集結し、練習を開始。

三月三日から開幕した東京ドームでの一次リーグを突破すると、六日に渡米。二次リーグで米国、韓国に敗れたが、米国がキューバに敗れる番狂わせにも助けられ、奇跡の決勝リーグ進出。準決勝は先発・上原で韓国を6－0で下し、決勝は先発・松坂でキューバを破って、王ジャパンが初のWBCチャンピオンに輝いた。

二〇〇六年のペナント戦前半は西武、ロッテと激しい首位争いを演じた。王監督を思わぬ病魔が襲ったのは六月末だった。WBCでの過酷な戦いのストレスも原因になったのだろう。「胃がもたれる」「胸焼けがする」といった症状が続き、六月二十六日に福岡市内の病院で診察を受けて胃に腫瘍が発見され、胃の摘出手術を決意。七月五日の西武戦終了後に記者会見して胃がんを公表し、手術・入院のために休養することを明かした。

監督代行を森脇コーチが務め、チームはシーズン終盤まで優勝争いを演じたが、九月十六日に3位に転落し、十九日からは6連敗でシーズンを終えた。王監督は八月二日に退院。リハビリを続け、十月二十七日からの宮崎秋季キャンプで再びユニホームを着た。「気力の人」王監督らしい奇跡的な復帰だった。

四年ぶりの日本シリーズ進出を目標にした二〇〇七年は好スタートを切った。開幕2試合目から4連勝、四月二十日から五月一日まで9連勝をマークするなどトップを走った。

交流戦は11勝13敗で、三年目にして初めて負け越して3位に落ちたが、七月にはオールスター戦をはさんで7連勝を記録して浮上。八月五日には単独首位に立ったが、三日天下で日本ハムに首位を譲り、八月の首位攻防戦（十四－十六日、ヤフードーム）で日本ハムに3連敗。九月には二度の4連敗などで2位の座も守れず、二シーズン連続の3位に終わった。

「今年を最後の年にするという決意で臨む」

と雪辱を期した二〇〇八年。開幕から

笑顔で握手する上原，王監督，福留（2006年３月19日，ＷＢＣでの会見）

5連勝と快調な滑り出しを見せたが、先発投手陣が不調で四月は9勝15敗と負け越した。

五月に5連勝し、交流戦に入ると戦力がかみ合い、15勝9敗で初の交流戦優勝を決めた。しかし、リーグ戦再開後は7連敗を記録するなど波に乗り切れない。九月に入ると完全に失速し、4連敗、5連敗、7連敗と黒星を重ね続けて、64勝77敗3分の勝率4割5分4厘。

王監督のラストイヤーは屈辱の最下位に終わった。

紫綬褒章の伝達式を終え，フィギュアスケートの荒川静香選手と握手を交わす王監督（５月17日）

ＷＢＣ決勝でキューバを下し，王ジャパンが優勝。金メダルをかじる王監督（３月21日）

2006

右上：西武とのゲーム後に緊急会見を開き，「胃に腫瘍」と告白する王監督（7月5日）／左上：1位通過を信じ，懸命に応援するホークスファン（9月24日，対オリックス戦）／右下：完投で11勝目を挙げた斉藤和巳の帽子には，王監督の背番号「89」がしっかりと書き込まれていた（7月8日，対楽天戦）／左下：4回1死三塁，左越えの2ランを放ち高々とガッツポーズをする松田（5月14日，対阪神戦）

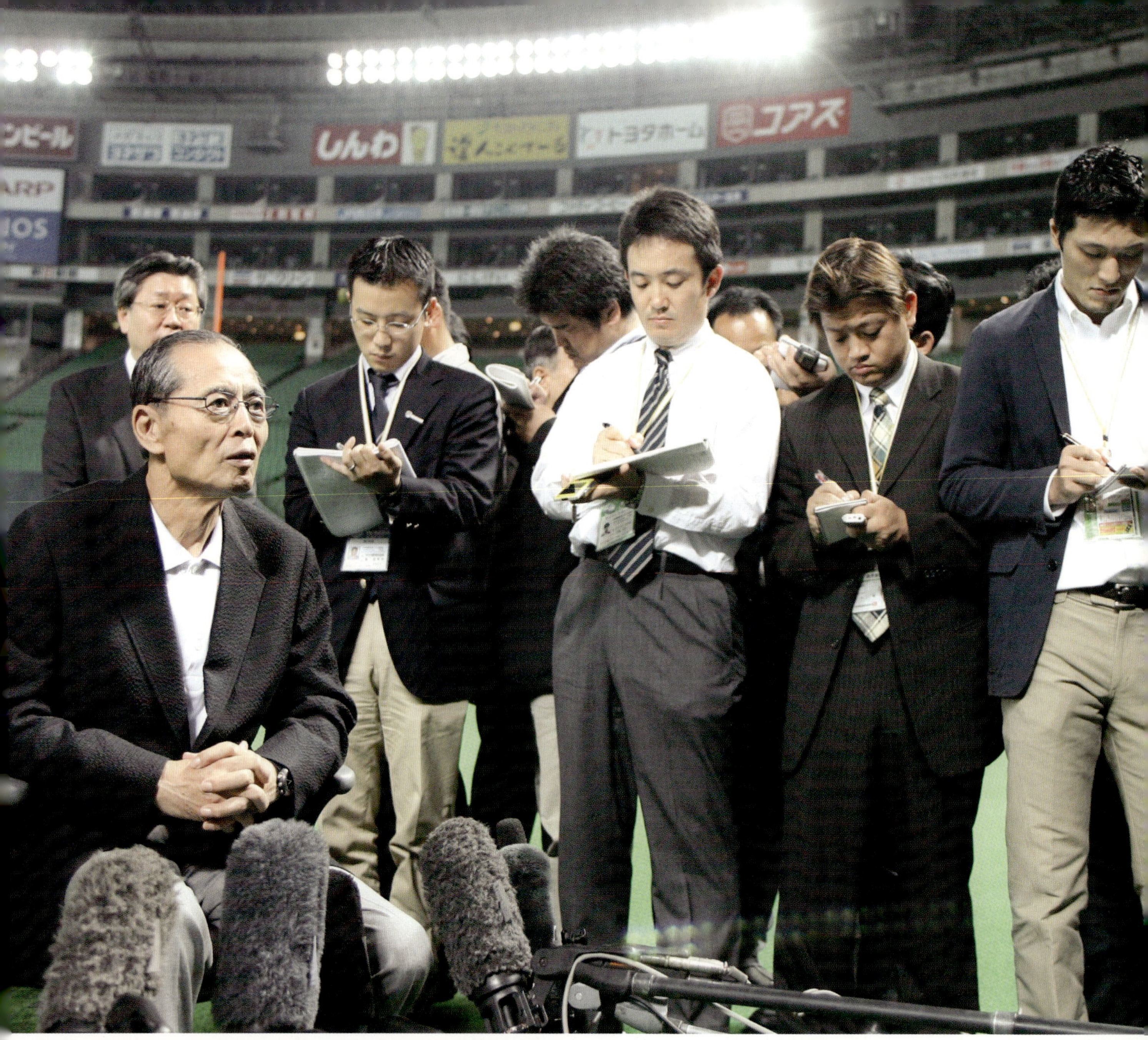
しんわ
トヨタホーム
コアズ

SoftBank

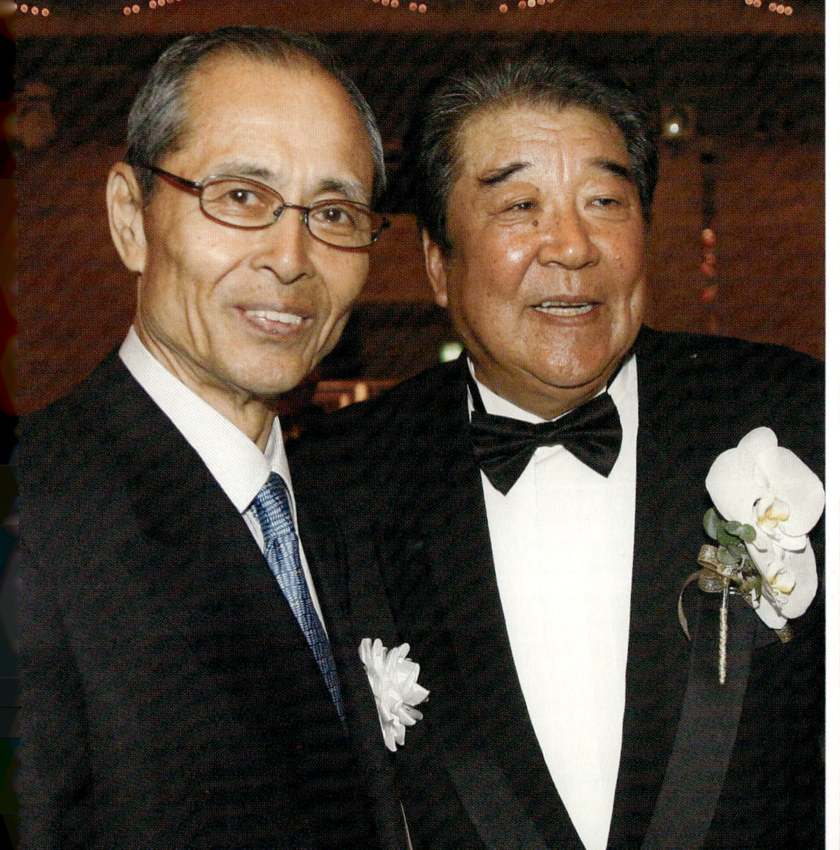

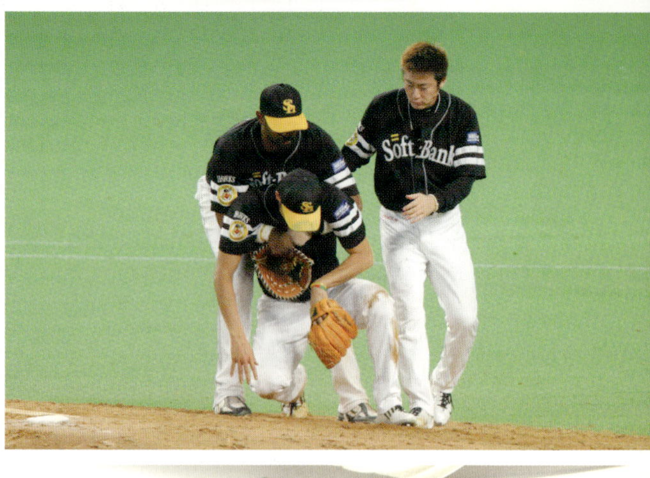

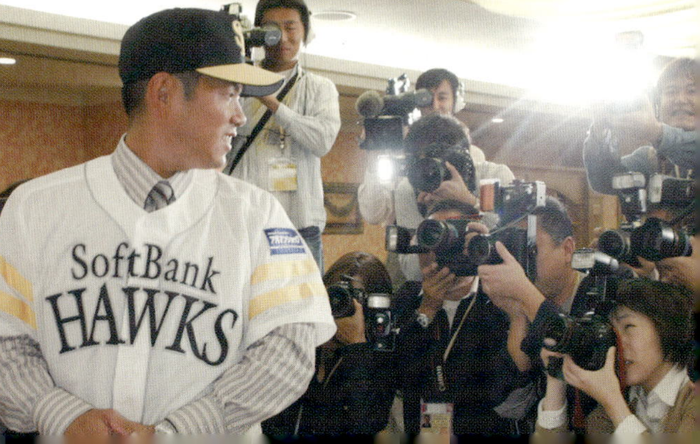

SoftBank
HAWKS

2006

［右ページの写真］上：２カ月ぶりに元気な姿を見せ，大勢の記者に囲まれてインタビューに答える王監督（９月28日）／右中：10月12日，プレーオフ第２ステージ（対日本ハム）の第２戦，決勝点を奪われマウンド上にひざまずく斉藤和巳を抱きかかえるズレータと吉武／右下：ＦＡでホークスへの復帰が決まり，大勢の報道陣にユニホーム姿を披露する小久保（11月17日）／左下：「稲尾和久さんプロ野球人生50周年記念パーティー」に参加し，稲尾氏と笑顔を見せる王監督（11月23日）

退院後に練習を見守る王監督と森脇監督代行

［14年間の証言］

森脇浩司「衝撃の告白」

二〇〇六年七月五日。それまでの王ホークスの戦いぶりは、ＦＡ移籍で城島を欠いたものの、首位へ1ゲーム差の2位。前半戦は好スタートを切り、三年ぶりの頂点へ向けて視界は良好だった。だからこそ内野守備走塁コーチを務めていた森脇浩司は、こんな事態が起ころうとは思いもしなかった。同日、王監督が胃がんの手術と休養を公表。七月八日の楽天戦から監督代行の重責を任せられたのだ。

「今、振り返って言わせてもらえるのならば、あのときは内野守備走塁コーチと監督代行の兼務に戸惑った。コーチの仕事をした後、頭をクリーンにすることができなかった。練習が終わったころには、考える余裕がないほど疲れていた」

痛感させられたのは監督業の過酷さであり、王貞治の偉大さだった。自分がチームを立て直さなければならない。使命感は焦燥感へと変わり、監督代行を追いつめる。

「オレは（監督の）器じゃないことくらいわかっている」と吐き捨てるように言ったこともあった。

チーム関係者へは毎晩、試合が終わるたびに病床の王監督から激励の電話がかかってきた。ときには楽天・セギノールの打撃フォームが掲載された新聞のコピーが、ファックスで送られてきたこともある。胃はなくなり、体重は一五キロも減った指揮官だが、情熱だけは誰にも負けなかった。その思いは森脇監督代行以下、ホークスナインを突き動かし、首位の日本ハムに4・5差の3位に踏みとどまった。

プレーオフ第一ステージでは、斉藤和巳対松坂のエース対決だった初戦を落としたものの、第二、三戦を制し西武に競り勝った。勢いのまま乗り込んだ第二ステージは敵地・札幌。だが、第二戦は中四日で強行先発した斉藤が、9回に決勝点を奪われた。スコアは0－1の僅差だった。マウンドで泣き崩れるシーンは球界の語り草となった。

常勝軍団の影は年々、薄れていった。ただ、森脇監督代行が指揮した55試合は、決してムダではなかった。森脇コーチは秋山新体制のヘッドコーチに指名された。

「あのときは頭を整理できなかったけど、今なら（両立も）やれる」

新生ホークスでは内野守備走塁コーチとの兼務で、二歳年下の秋山監督を支える。

宮崎キャンプ初日。帰ってきた背番号「89」。大勢の報道陣に囲まれながらグラウンド入りする王監督（2007年2月1日）

打席に入る松中にアドバイスを送る王監督

［14年間の証言］

松中信彦
「重圧」

下馬評は例年以上に高かった。かつての主砲・小久保が、巨人からFA移籍で復帰し、二〇〇四年に40本塁打をマークしている横浜・多村をトレードで補強した。松中とともに40発以上の実績がある「TMKトリオ」が完成。胃の全摘出手術から復帰した王監督のため、最高の手駒が用意された。「三人で100本塁打はいける」と、指揮官もトレードマークである豪快な野球の復活を信じていた。

だが、世の中に絶対はない。ふたを開けてみると、多村は慣れないパ・リーグの投手に苦労し、打率2割7分1厘、13本塁打、68打点。八月二十一日の西武戦で左脇腹に死球を受けて骨折、そして左手首痛と故障に泣かされた小久保も、打率2割7分7厘、25本塁打、82打点。チームを引っ張るとまではいかなかった。だからこそ、背番号3の背中には期待がかかった。ただ、それは重圧と紙一重だった。

「王監督がいなかったら、今のホークスはなかった。記録やタイトルは一切、考えなかった。ただ、勝てばいい。絶対に王監督を胴上げするんだという、強い気持ち。それだけでした」

2007

右上：新加入の多村が本塁打を放つ（３月24日，対オリックス戦）／右下：６回２死満塁，日本ハム・高橋信二を三振に仕留め雄叫びをあげる斉藤和巳（９月23日）／左：５回１死一・二塁，日本ハム・稲葉に３ラン本塁打を浴びてガックリの杉内。チームは３位に転落（８月16日）

四月二十一日の日本ハム戦から10試合で7本塁打。序盤は小久保とリーグの本塁打争いを繰り広げた。だが、少しずつ、その勢いにかげりが見え始める。交流戦後の59試合は4本塁打。八月七日の西武戦でプロ初の4三振を喫し、4番の座も小久保へ譲った。

失速の原因は二〇〇六年に苦しめられた臀部（でんぶ）の膿瘍（のうよう）だった。オフには手術で完治したが、「お尻のことがあって走り込めなかったからね」と、王監督は翌年になり、松中の不振の原因を明かした。

指揮官もベンチ裏で点滴治療を受けながら戦った二〇〇七年。それを最大のモチベーションとして頂点を目指した松中だが、自らも病の後遺症と闘い続けた一年だった。

「4番を外れたのは信頼されていない証拠。もう一度、監督に信頼してもらえるように頑張りたいと思った」

オフから目つきが変わったのは、この年のクライマックスシリーズで敗れ、「来年は最後のつもりでやる」と語った指揮官へ優勝を捧げるためだ。こうして王ホークスは最終章となる二〇〇八年を迎える。高まる気運はどの球団にも負けなかった。

上：満塁ホームランを放った松中が小久保の出迎えを受ける（2008年５月21日，対広島戦）／左：７回２死一・三塁，ロッテ・里崎を２飛にしとめてピンチを脱し，雄叫びをあげる大場（４月５日）／下：６月22日，交流戦優勝を決め，レフトスタンドに向かってバンザイをするソフトバンクナインと王監督（後方右）

監督・王貞治にとって、最後の愛弟子が川崎宗則だろう。二〇〇八年二月。春季キャンプ恒例の朝の「声出し」。日にちを決めて順番にナインの前で、そのシーズンの自らの決意や誓い、抱負を大声で発表するのだが、王船長が舵（かじ）をとる「福岡ソフトバンク号」の結束を呼びかけた川崎の約三分に及ぶ声出しは歴史に残る〝名演説〟になった。

王監督は、そんな川崎にリーダーとしての資質を見出していた。その年の七月、川崎を食事に誘うと、「オレの遺言だと思って聞いてくれ」と野球論を熱く語り出した。

王監督と同様に「リーダー・川崎」を高く評価していたのが、星野仙一北京五輪日本代表監督だった。左足第二中足骨の疲労骨折が判明した川崎を代表に選んだのは、経験をつませて、宮本（ヤクルト）の後継者として日本代表の主将に育てるためだった。王監督も出場を許可した。川崎の性格なら無理をして患部を悪化させることはわかっていた。その思いは星野監督と同じだった。球界のリーダーに育て、というメッセージだった。

「王監督が、自分が納得するようにやれ、と言ってくださるのはわかっていた。僕をよく知ってくれているし、理解して、後押しをしてくれたのだと思う」

川崎は当然のように、負傷をかえりみ

2008

「女子高生デー」のピンク色の風船をバックに力投する和田（6月15日、対横浜戦）

王監督と言葉を交わす“最後の愛弟子”川崎

［14年間の証言］

川崎宗則
「恩師の“遺言”」

ることなく全力プレーを見せた。五輪では3試合に出場し、8打席で4安打1四球と、打率5割を超える活躍を見せた。しかし、その代償は大きかった。残りのシーズンを棒に振ることになる。しかも、それはただの「残り」ではなかった。

九月二十三日の朝、川崎の携帯電話が鳴った。「すぐにヤフードームに来い。ミーティングをやる」。マネージャーからの呼び出しに不吉な予感がした。胸騒ぎは現実のものとなった。この日、王監督は辞意を表明した。川崎の胸には、あの〝遺言〟という言葉が深く突き刺さっていた。

「こういう言葉を口にするところが、王監督らしさだと思う。辞めるときの選手への影響まで考えて、わざと口にしていたんでしょう」

選手には知らず知らずのうちに心の準備をさせつつ、自らの思いを伝えていたということだろうか。王監督は最後まで誠実に師であった。〝遺言〟を受け取った愛弟子たちが忘れないようなかたちで、野球のすべてを遺そうとしていたのだ。

十月七日。雨のKスタ宮城。偉大な指揮官の最終戦。最後の最後に駆けつけた川崎を代打で送り出すとき、王監督は拍手をしていた。

「ムネ、後は頼むぞ」。両手を叩きながら、そう言ったように聞こえた。

王ホークス
14年間の全成績

1995 ▸▸ 2008

1995

OH-Hawks
All scores of 14 years

95年成績	試合数	勝	敗	分	勝率
①オリックス	130	82	47	1	.636
②ロッテ	130	69	58	3	.543
③西　武	130	67	57	6	.540
④日本ハム	130	59	68	3	.465
⑤ダイエー	130	54	72	4	.429
⑥近　鉄	130	49	78	3	.386

≪4　月≫

	球　場	スコア	相手	順位	責任投手
1日	西　武	11—10	西	①	○木　村
2日	西　武	4—5	西	②	●斉藤貢
4日	千葉マ	2—1	ロ	①	○渡辺秀
5日	千葉マ	3—4	ロ	②	●廣　田
6日	千葉マ	7—2	ロ	②	○吉　武
8日	福岡ド	1—0	オ	①	○工　藤
9日	福岡ド	7—14	オ	②	●吉田豊
11日	東京ド	3—1	日	②	○渡辺秀
12日	東京ド	3—0	日	②	○斉藤貢
13日	東京ド	2—4	日	②	●吉　武
14日	福岡ド	2—1	近	②	○木　村
15日	福岡ド	5—4	近	②	○工　藤
16日	福岡ド	6—5	近	②	○木　村
18日	福岡ド	5—1	西	①	○渡辺秀
19日	福岡ド	2—1	西	①	○斉藤学
21日	藤井寺	3—6	近	①	●渡辺智
22日	藤井寺	7—5	近	①	○工　藤
25日	福岡ド	4—11	ロ	①	●渡辺秀
26日	北九州	7—8	ロ	②	●木　村
27日	福岡ド	1—4	ロ	②	●吉　武
28日	福岡ド	2—3	日	②	●渡辺智
29日	福岡ド	4—1	日	②	○工　藤
30日	福岡ド	8—4	日	②	○木　村

≪5　月≫

2日	神　戸	0—6	オ	②	●渡辺秀
3日	神　戸	2—3	オ	②	●木　村
4日	神　戸	6—1	オ	②	○吉田豊
5日	西　武	4—6	西	②	●斉藤貢
6日	西　武	4—1	西	②	○工　藤
7日	西　武	4—14	西	②	●渡辺秀
9日	福岡ド	2—3	近	③	●若田部
10日	福岡ド	2—4	近	③	●木　村
12日	東京ド	5—2	日	③	○斉藤学
13日	東京ド	6—5	日	②	○工　藤
14日	東京ド	5—6	日	③	●木　村
16日	鹿児島	4—6	オ	③	●若田部
17日	鹿児島	7—6	オ	③	○斉藤学
19日	福岡ド	4—3	ロ	③	○田　畑
20日	福岡ド	1—4	ロ	③	●工　藤
21日	福岡ド	1—2	ロ	③	●若田部
23日	福岡ド	3—4	日	③	●田　畑
24日	福岡ド	4—6	日	③	●木　村
25日	福岡ド	9—8	日	③	○シグペン
26日	西京極	1—6	近	③	●渡辺智
27日	藤井寺	3—2	近	③	○木　村
28日	藤井寺	5—1	近	③	○若田部
30日	福岡ド	1—4	オ	③	●吉田豊
31日	福岡ド	9—3	オ	③	○吉　武

≪6　月≫

1日	福岡ド	5—6	オ	③	●木　村
2日	福岡ド	0—3	西	③	●斉藤貢
3日	福岡ド	4—5	西	③	●斉藤学
4日	福岡ド	1—3	西	③	●若田部
6日	仙　台	2—4	ロ	③	●吉田豊
7日	仙　台	2—6	ロ	④	●吉　武
9日	神　戸	2—7	オ	④	●斉藤貢
10日	神　戸	8—5	オ	③	○工　藤
11日	神　戸	5—6	オ	③	●シグペン
13日	東京ド	2—3	日	④	●吉田豊
14日	東京ド	4—10	日	⑤	●斉藤貢
16日	福岡ド	4—2	近	⑤	○内　山
17日	福岡ド	9—4	近	④	○下　柳
18日	福岡ド	2—7	近	⑤	●渡辺智
24日	福岡ド	0—1	ロ	④	●渡辺秀
25日	福岡ド	6—3	ロ	③	○斉藤貢
27日	福岡ド	2—4	日	④	●内　山
28日	福岡ド	7—3	日	④	○吉田豊
29日	福岡ド	2—1	日	③	○吉　武
30日	藤井寺	7—9	近	④	●斉藤貢

≪7　月≫

1日	藤井寺	9—3	近	③	○下　柳
2日	藤井寺	5—2	近	③	○藤　井
4日	福岡ド	4—2	オ	③	○吉田豊
5日	福岡ド	2—3	オ	③	●斉藤学
6日	福岡ド	2—5	オ	④	●渡辺秀
7日	千葉マ	1—6	ロ	④	●下　柳
9日	千葉マ	4—13	ロ	④	●吉田豊
11日	福岡ド	2—5	西	④	●工　藤
12日	福岡ド	6—2	西	④	○吉　武
13日	福岡ド	0—5	西	④	●下　柳
14日	福岡ド	5—4	オ	④	○木　村
15日	福岡ド	4—3	オ	④	○吉田豊
16日	福岡ド	3—4	オ	④	●藤　井
18日	千葉マ	5—3	ロ	④	○工　藤
19日	千葉マ	1—5	ロ	④	●吉　武
20日	千葉マ	6—10	ロ	④	●下　柳
22日	福岡ド	2—8	日	⑤	●吉田豊
23日	福岡ド	1—3	日	⑤	●内　山
29日	西　武	5—9	西	⑤	●若田部
30日	西　武	3—2	西	⑤	○木　村
31日	西　武	3—3	西	⑤	△廣　田

≪8　月≫

2日	高　松	5—5	日	⑤	△渡辺秀
3日	倉　敷	3—4	日	⑤	●吉　武
4日	福岡ド	9—6	近	⑤	○藤　井
5日	福岡ド	4—1	近	⑤	○吉田豊
6日	福岡ド	6—3	近	⑤	○工　藤
8日	福岡ド	4—6	ロ	⑤	●木　村
9日	福岡ド	3—4	ロ	⑤	●渡辺秀
10日	福岡ド	3—9	ロ	⑤	●若田部
12日	藤井寺	4—1	近	⑤	○工　藤
13日	藤井寺	3—4	近	⑤	●斉藤学
15日	福岡ド	1—2	西	⑤	●渡辺秀
16日	福岡ド	6—0	西	⑤	○藤　井
17日	福岡ド	3—2	西	⑤	○吉　武
18日	神　戸	3—1	オ	⑤	○工　藤
19日	神　戸	10—3	オ	⑤	○吉田豊
20日	神　戸	5—3	オ	⑤	○内　山
23日	西　武	3—3	西	⑤	△木　村
24日	西　武	2—1	西	⑤	○工　藤
26日	北九州	0—11	ロ	⑤	●吉田豊
27日	北九州	3—9	ロ	⑤	●渡辺秀
29日	神　戸	0—3	オ	⑤	●藤　井
30日	神　戸	2—3	オ	⑤	●工　藤

≪9　月≫

3日	北九州	4—12	日	⑤	●内　山
4日	北九州	9—6	日	⑤	○吉田豊
5日	藤井寺	6—4	近	⑤	○渡辺秀
6日	藤井寺	4—6	近	⑤	●工　藤
9日	福岡ド	6—4	オ	⑤	○渡辺秀
10日	福岡ド	4—3	オ	⑤	○吉田豊
12日	千葉マ	0—9	ロ	⑤	●藤　井
13日	千葉マ	2—4	ロ	⑤	●工　藤
14日	千葉マ	1—11	ロ	⑤	●渡辺智
15日	東京ド	2—3	日	⑤	●渡辺秀
16日	東京ド	5—6	日	⑤	●吉田修
17日	東京ド	3—1	日	⑤	○藤　井
19日	福岡ド	5—2	近	⑤	○吉田修
20日	福岡ド	4—6	近	⑤	●木　村
23日	福岡ド	0—2	西	⑤	●吉田豊
24日	福岡ド	2—4	西	⑤	●藤　井
26日	藤井寺	4—6	近	⑤	●木　村
29日	西　武	1—3	西	⑤	●渡辺秀
30日	西　武	3—3	西	⑤	△吉田豊

≪10　月≫

1日	西　武	7—8	西	⑤	●吉田修

96年成績	試合数	勝	敗	分	勝率
①オリックス	130	74	50	6	.597
②日本ハム	130	68	58	4	.540
③西　武	130	62	64	4	.492
④近　鉄	130	62	67	1	.481
⑤ロッテ	130	60	67	3	.472
⑥ダイエー	130	54	74	2	.422

≪3月≫

	球　場	スコア	相手	順位	責任投手
30日	千葉マ	4—6	ロ	③	●工　藤
31日	千葉マ	5—2	ロ	③	○ホ　セ

≪4　月≫

2日	東京ド	3—8	日	④	●ヒデカズ
3日	東京ド	8—12	日	⑤	●ボルトン
6日	福岡ド	8—1	西	⑤	○工　藤
7日	福岡ド	1—2	西	⑤	●ホ　セ
9日	神　戸	5—3	オ	④	○武　田
10日	神　戸	2—3	オ	⑤	●吉　武
11日	神　戸	6—1	オ	⑤	○佐久本
12日	福岡ド	1—4	近	⑤	●工　藤
13日	福岡ド	0—4	近	⑤	●ホ　セ
14日	福岡ド	3—2	近	④	○武　田
16日	北九州	2—5	日	⑤	●吉　武
17日	福岡ド	2—3	日	⑤	●藤　井
18日	福岡ド	8—2	日	⑤	○吉　武
20日	藤井寺	3—9	近	⑤	●ホ　セ
21日	藤井寺	4—5	近	⑤	●武　田
23日	福岡ド	2—0	ロ	⑤	○ヒデカズ
24日	福岡ド	1—2	ロ	⑤	●ホ　セ
25日	福岡ド	1—3	ロ	⑤	●工　藤
27日	西　武	2—4	西	⑤	●武　田
28日	西　武	3—5	西	⑥	●藤　井
29日	西　武	2—3	西	⑥	●ヒデカズ

≪5　月≫

1日	福岡ド	5—7	オ	⑥	●木　村
2日	福岡ド	7—0	オ	⑥	○工　藤
3日	福岡ド	2—5	オ	⑥	●吉田豊
4日	福岡ド	6—4	ロ	⑥	○武　田
5日	福岡ド	7—10	ロ	⑥	●木　村
6日	福岡ド	2—3	ロ	⑥	●吉　武
7日	日　生	4—10	近	⑥	●ホ　セ
9日	日　生	2—3	近	⑥	●吉田豊
11日	福岡ド	5—5	西	⑥	△木　村
12日	福岡ド	1—3	西	⑥	●工　藤
14日	仙　台	6—0	ロ	⑥	○ヒデカズ
15日	仙　台	3—4	ロ	⑥	●吉田豊
18日	福岡ド	5—6	オ	⑥	●木　村
19日	福岡ド	9—3	オ	⑥	○工　藤
21日	西　武	6—1	西	⑥	○ヒデカズ
22日	西　武	5—0	西	⑥	○吉　武
23日	西　武	3—4	西	⑥	●内　山
25日	東京ド	3—5	日	⑥	●武　田
26日	東京ド	4—7	日	⑥	●工　藤
28日	福岡ド	2—1	近	⑥	○ヒデカズ
29日	福岡ド	2—4	近	⑥	●吉　武
31日	福岡ド	10—1	日	⑥	○武　田

≪6　月≫

1日	福岡ド	1—5	日	⑥	●工　藤
2日	福岡ド	7—1	日	⑥	○ボルトン
4日	秋　田	3—4	オ	⑥	●ヒデカズ
5日	秋　田	3—2	オ	⑥	○吉　武
7日	千葉マ	8—1	ロ	⑥	○武　田
8日	千葉マ	2—3	ロ	⑥	●木　村
9日	千葉マ	5—3	ロ	⑥	○ボルトン
11日	藤井寺	4—2	近	⑥	○ホ　セ
12日	藤井寺	1—2	近	⑥	●吉　武
13日	藤井寺	4—1	近	⑥	○内　山
14日	福岡ド	5—4	西	⑥	○武　田
15日	福岡ド	4—2	西	⑥	○若田部
16日	福岡ド	6—4	西	⑥	○吉田豊
18日	東京ド	2—3	日	⑥	●ヒデカズ
19日	東京ド	4—6	日	⑥	●吉　武
20日	東京ド	1—5	日	⑥	●武　田
22日	神　戸	2—6	オ	⑥	●工　藤
23日	神　戸	11—5	オ	⑥	○内　山
25日	福岡ド	2—3	ロ	⑥	●ホ　セ
26日	福岡ド	2—12	ロ	⑥	●吉　武
27日	北九州	6—7	ロ	⑥	●ボルトン
28日	福岡ド	3—0	近	⑥	○武　田
29日	福岡ド	9—1	近	⑥	○工　藤
30日	福岡ド	5—4	近	⑥	○内　山

≪7　月≫

2日	前　橋	0—1	西	⑥	●吉　武
3日	西　武	2—0	西	⑥	○武　田
6日	福岡ド	0—4	日	⑥	●工　藤
7日	福岡ド	4—3	日	⑥	○若田部
9日	福岡ド	5—7	オ	⑥	●ホ　セ
10日	福岡ド	4—3	オ	⑥	○武　田
11日	福岡ド	5—3	オ	⑥	○工　藤
13日	札幌円山	13—7	西	⑥	○ホ　セ
14日	札幌円山	2—6	西	⑥	●吉　武
16日	福岡ド	4—0	近	⑥	○武　田
17日	福岡ド	5—2	近	⑤	○工　藤
26日	神　戸	2—1	オ	⑤	○武　田
27日	神　戸	4—8	オ	⑤	●工　藤
28日	神　戸	4—1	オ	⑤	○ヒデカズ
30日	福岡ド	5—9	日	⑤	●高　山
31日	福岡ド	12—4	日	⑤	○武　田

≪8　月≫

1日	北九州	5—11	日	⑤	●木　村
2日	福岡ド	2—4	ロ	⑤	●工　藤
3日	福岡ド	5—2	ロ	⑤	○ヒデカズ
4日	福岡ド	12—4	ロ	⑤	○木　村
6日	藤井寺	5—4	近	④	○ホ　セ
7日	藤井寺	5—7	近	⑥	●内　山
8日	藤井寺	7—9	近	⑥	●ホ　セ
9日	福岡ド	6—5	西	⑤	○ヒデカズ
10日	福岡ド	1—4	西	⑥	●吉　武
11日	福岡ド	3—2	西	⑤	○武　田
13日	東京ド	10—12	日	⑤	●渡辺智
14日	東京ド	0—2	日	⑤	●工　藤
15日	東京ド	5—2	日	⑤	○ヒデカズ
16日	福岡ド	11—2	オ	⑤	○吉　武
17日	福岡ド	0—10	オ	⑤	●武　田
18日	福岡ド	6—8	オ	⑤	●佐久本
20日	千葉マ	5—2	ロ	⑤	○ホ　セ
21日	千葉マ	5—1	ロ	⑤	○ヒデカズ
22日	千葉マ	0—3	ロ	⑤	●吉　武
23日	福岡ド	9—0	西	⑤	○武　田
24日	福岡ド	5—6	西	⑤	●ホ　セ
25日	福岡ド	1—5	西	⑥	●工　藤
27日	福岡ド	1—4	日	⑥	●ヒデカズ
28日	福岡ド	8—6	日	⑥	○武　田
30日	神　戸	4—12	オ	⑤	●吉　武
31日	神　戸	7—4	オ	⑤	○工　藤

≪9　月≫

1日	神　戸	2—5	オ	⑤	●藤　井
3日	福岡ド	4—7	ロ	⑥	●武　田
6日	東京ド	6—1	日	⑥	○工　藤
7日	東京ド	9—7	日	⑥	○藤　井
8日	東京ド	3—5	日	⑥	●木　村
10日	福岡ド	4—5	近	⑥	●武　田
11日	北九州	4—9	近	⑥	●吉　武
12日	福岡ド	2—7	近	⑥	●工　藤
15日	西　武	5—7	西	⑥	●有　倉
16日	西　武	0—12	西	⑥	●武　田
17日	福岡ド	2—6	オ	⑥	●工　藤
18日	福岡ド	9—10	オ	⑥	●有　倉
21日	千葉マ	3—3	ロ	⑥	△吉　武
23日	千葉マ	6—7	ロ	⑥	●佐久本
24日	藤井寺	3—2	近	⑥	○ホ　セ
26日	藤井寺	8—4	近	⑥	○濱　涯
27日	藤井寺	3—4	近	⑥	●佐久本
28日	西　武	4—7	西	⑥	●工　藤

1997

OH-Hawks
All scores of 14 years

97年成績	試合数	勝	敗	分	勝率
①西　武	135	76	56	3	.576
②オリックス	135	71	61	3	.538
③近　鉄	135	68	63	4	.519
④日本ハム	135	63	71	1	.470
⑤ダイエー	135	63	71	1	.470
⑥ロッテ	135	57	76	2	.429

≪4　月≫

	球場	スコア	相手	順位	責任投手
5日	西　武	4−3	西	①	○武　田
8日	福岡ド	7−5	日	①	○藤　井
9日	福岡ド	3−0	日	①	○工　藤
10日	福岡ド	11−2	日	①	○若田部
11日	福岡ド	1−2	オ	②	●佐久本
12日	福岡ド	0−2	オ	②	●田之上
13日	福岡ド	5−4	オ	②	○ウエスト
15日	大阪ド	4−1	近	①	○工　藤
16日	大阪ド	6−12	近	②	●若田部
17日	大阪ド	5−6	近	②	●岡　本
18日	千葉マ	8−6	ロ	②	○ウエスト
19日	千葉マ	2−4	ロ	③	●田之上
20日	千葉マ	9−1	ロ	②	○工　藤
22日	東京ド	6−7	日	②	●木　村
23日	東京ド	4−5	日	③	●佐久本
24日	東京ド	5−6	日	③	●木　村
25日	福岡ド	3−9	ロ	⑤	●田之上
26日	福岡ド	2−3	ロ	⑥	●佐久本
27日	福岡ド	11−3	ロ	⑤	○若田部
29日	神　戸	6−0	オ	④	○武　田

≪5　月≫

	球場	スコア	相手	順位	責任投手
1日	神　戸	4−0	オ	②	○ウエスト
3日	福岡ド	8−1	近	①	○工　藤
4日	福岡ド	1−4	近	②	●若田部
5日	福岡ド	4−2	近	②	○田之上
6日	福岡ド	7−0	西	①	○武　田
7日	福岡ド	0−21	西	②	●ウエスト
8日	福岡ド	1−2	西	③	●ホ　セ
9日	北九州	3−6	ロ	③	●木　村
10日	北九州	4−1	ロ	③	○若田部
11日	北九州	2−1	ロ	③	○田之上
13日	ナゴヤド	3−4	近	③	●佐久本
14日	ナゴヤド	3−1	近	③	○ウエスト
15日	ナゴヤド	4−6	近	③	●ホ　セ
17日	福岡ド	5−4	オ	②	○若田部
18日	福岡ド	5−2	オ	②	○武　田
20日	西　武	8−5	西	②	○内　山
21日	西　武	2−3	西	②	●斉藤貢
22日	西　武	5−6	西	②	●岡　本
23日	福岡ド	9−8	近	②	○木　村
24日	福岡ド	0−2	近	②	●武　田
25日	北九州	4−10	近	③	●田之上
27日	東京ド	1−2	日	②	●岡　本
28日	東京ド	4−13	日	③	●若田部
29日	東京ド	5−2	日	③	○ウエスト
30日	福岡ド	3−4	西	③	●吉田修
31日	福岡ド	6−2	西	③	○吉田豊

≪6　月≫

	球場	スコア	相手	順位	責任投手
1日	福岡ド	7−6	西	③	○吉田修
3日	福岡ド	2−3	日	③	●斉藤貢
4日	福岡ド	6−8	日	④	●工　藤
5日	福岡ド	5−4	日	③	○吉田修
6日	神　戸	3−4	オ	④	●木　村
7日	神　戸	5−9	オ	④	●田之上
8日	神　戸	3−6	オ	④	●ウエスト
10日	福　井	12−2	ロ	③	○工　藤
11日	金　沢	4−1	ロ	③	○吉　武
14日	藤井寺	12−13	近	③	●岡　本
15日	藤井寺	11−6	近	③	○ウエスト
17日	東京ド	5−4	日	③	○岡　本
18日	東京ド	5−3	日	③	○吉　武
19日	東京ド	2−6	日	③	●吉田豊
20日	福岡ド	5−3	ロ	③	○岡　本
21日	福岡ド	4−3	ロ	③	○ウエスト
22日	福岡ド	9−5	ロ	③	○若田部
24日	山　形	7−5	西	③	○吉田修
25日	仙　台	9−1	西	③	○吉　武
26日	仙　台	9−8	西	③	○佐久本
27日	神　戸	2−6	オ	③	●ウエスト
29日	神　戸	1−3	オ	③	●若田部

≪7　月≫

	球場	スコア	相手	順位	責任投手
1日	福岡ド	4−3	日	③	○工　藤
2日	福岡ド	9−4	日	③	○吉　武
5日	福岡ド	8−11	近	③	●武　田
8日	千葉マ	6−3	ロ	③	○工　藤
9日	千葉マ	1−5	ロ	③	●吉　武
11日	福岡ド	4−3	オ	③	○岡　本
12日	福岡ド	12−3	オ	③	○若田部
13日	福岡ド	4−0	オ	③	○ウエスト
15日	福岡ド	1−4	西	③	●工　藤
16日	福岡ド	1−5	西	③	●吉　武
19日	千葉マ	1−5	ロ	③	●武　田
20日	千葉マ	5−6	ロ	③	●岡　本
26日	福岡ド	2−1	近	③	○佐久本
27日	福岡ド	3−2	近	③	○吉　武
28日	福岡ド	18−10	近	③	○ホ　セ
29日	福岡ド	6−8	ロ	③	●吉田修
30日	福岡ド	1−6	ロ	③	●若田部

≪8　月≫

	球場	スコア	相手	順位	責任投手
2日	札幌円山	2−4	日	③	●工　藤
3日	札幌円山	1−9	日	③	●ウエスト
5日	福岡ド	2−5	オ	③	●武　田
6日	福岡ド	1−5	オ	③	●若田部
7日	福岡ド	4−6	オ	③	●木　村
8日	大阪ド	2−1	近	③	○工　藤
9日	大阪ド	8−5	近	③	○佐久本
10日	大阪ド	2−5	近	③	●吉田豊
12日	福岡ド	2−5	西	③	●田之上
13日	福岡ド	2−5	西	③	●若田部
14日	福岡ド	2−3	西	③	●岡　本
15日	福岡ド	1−4	日	③	●ウエスト
16日	福岡ド	2−6	日	④	●武　田
17日	福岡ド	4−6	日	④	●吉　武
19日	富　山	11−8	オ	④	○吉田修
20日	富　山	7−5	オ	④	○工　藤
22日	西　武	7−9	西	④	●武　田
23日	西　武	1−9	西	④	●吉　武
24日	西　武	3−8	西	④	●渡辺正
26日	福岡ド	1−0	ロ	④	○工　藤
27日	福岡ド	1−3	ロ	④	●若田部
28日	福岡ド	4−2	ロ	③	○木　村
29日	大阪ド	1−3	近	⑤	●吉　武
30日	大阪ド	2−4	近	⑤	●田之上
31日	大阪ド	1−1	近	⑤	△若田部

≪9　月≫

	球場	スコア	相手	順位	責任投手
2日	西　武	4−5	西	⑤	●佐久本
6日	福岡ド	0−5	オ	⑤	●吉　武
7日	福岡ド	5−3	オ	④	○佐久本
9日	福岡ド	7−3	日	④	○工　藤
10日	福岡ド	1−5	日	④	●武　田
11日	福岡ド	4−3	日	④	○佐久本
13日	千葉マ	6−0	ロ	④	○吉　武
14日	千葉マ	3−2	ロ	④	○佐久本
17日	福岡ド	1−6	西	④	●工　藤
20日	東京ド	2−4	日	④	●武　田
21日	東京ド	2−8	日	④	●田之上
23日	神　戸	3−7	オ	⑤	●工　藤
24日	神　戸	5−0	オ	⑤	○吉　武
25日	神　戸	11−5	オ	④	○佐久本
26日	北九州	6−2	近	④	○田之上
27日	福岡ド	3−9	近	④	●武　田
28日	福岡ド	0−5	近	⑤	●工　藤

≪10　月≫

	球場	スコア	相手	順位	責任投手
3日	西　武	1−2	西	⑤	●吉　武
4日	西　武	4−3	西	⑤	○田之上
5日	西　武	8−3	西	④	○佐久本
7日	福岡ド	9−8	西	④	○若田部
9日	神　戸	6−7	オ	④	●吉田修
10日	神　戸	1−2	オ	⑤	●田之上
12日	千葉マ	4−2	ロ	④	○土　井

98年成績	試合数	勝	敗	分	勝率
①西　武	135	70	61	4	.534
②日本ハム	135	67	65	3	.508
③オリックス	135	66	66	3	.500
④ダイエー	135	67	67	1	.500
⑤近　鉄	135	66	67	2	.496
⑥ロッテ	135	61	71	3	.462

≪4　月≫

	球　場	スコア	相手	順位	責任投手
4日	神　戸	2—1	オ	①	○工　藤
5日	神　戸	3—1	オ	①	○吉　武
7日	福岡ド	6—3	西	①	○佐久本
8日	福岡ド	3—4	西	②	●山　崎
10日	大阪ド	2—3	近	②	●佐久本
11日	大阪ド	2—1	近	②	○工　藤
12日	大阪ド	5—1	近	①	○吉　武
14日	福岡ド	4—1	日	①	○武　田
15日	福岡ド	7—1	日	①	○西　村
18日	西武ド	10—5	西	①	○木村恵
19日	西武ド	2—3	西	①	●吉　田
21日	福岡ド	2—9	ロ	①	●武　田
22日	福岡ド	0—4	ロ	②	●西　村
24日	福岡ド	1—3	オ	③	●篠　原
25日	福岡ド	1—4	オ	③	●篠　原
26日	福岡ド	8—12	オ	④	●ウィリアムズ
28日	東京ド	1—8	日	④	●武　田
29日	東京ド	4—6	日	④	●西　村
30日	東京ド	4—3	日	④	○吉　田

≪5　月≫

	球　場	スコア	相手	順位	責任投手
2日	福岡ド	4—3	近	④	○倉　野
3日	福岡ド	10—2	近	④	○木村恵
4日	福岡ド	4—1	近	③	○武　田
5日	千葉マ	6—4	ロ	③	○西　村
6日	千葉マ	10—1	ロ	②	○土　井
7日	千葉マ	3—2	ロ	①	○佐久本
8日	福岡ド	0—4	西	①	●吉　武
9日	福岡ド	4—9	西	②	●木村恵
10日	福岡ド	4—1	西	②	○武　田
12日	福岡ド	8—2	日	①	○西　村
13日	福岡ド	3—1	日	①	○藤　井
15日	神　戸	2—13	オ	①	●吉　武
17日	神　戸	10—9	オ	①	○武　田
19日	大阪ド	7—8	近	②	●吉　田
20日	大阪ド	5—7	近	②	●木村恵
22日	福岡ド	1—0	ロ	②	○吉　武
23日	福岡ド	5—3	ロ	②	○武　田
24日	福岡ド	1—2	ロ	②	●ヒデカズ
26日	北九州	5—4	オ	②	○西　村
27日	福岡ド	5—6	オ	②	●木村恵
28日	福岡ド	0—4	オ	②	●吉　武
29日	東京ド	2—4	日	②	●武　田
30日	東京ド	4—2	日	②	○ヒデカズ
31日	東京ド	7—6	日	①	○ウィリアムズ

≪6　月≫

	球　場	スコア	相手	順位	責任投手
3日	鹿児島	6—5	ロ	①	○吉　武
5日	福岡ド	0—6	近	②	●武　田
6日	福岡ド	10—4	近	①	○ヒデカズ
7日	福岡ド	0—1	近	②	●ウィリアムズ
9日	山　形	9—3	西	②	○西　村
12日	福岡ド	5—4	日	②	○岡　本
13日	福岡ド	3—4	日	②	●永　井
14日	福岡ド	1—7	日	②	●ウィリアムズ
16日	神　戸	3—1	オ	②	○西　村
17日	神　戸	2—6	オ	③	●吉　武
18日	神　戸	4—5	オ	③	●吉　田
20日	福岡ド	6—4	近	③	○篠　原
21日	福岡ド	2—6	近	③	●ヒデカズ
23日	東京ド	6—7	日	③	●岡　本
24日	東京ド	3—9	日	③	●武　田
25日	東京ド	3—6	日	④	●田之上
26日	福岡ド	7—13	西	④	●ウィリアムズ
27日	福岡ド	2—9	西	④	●ヒデカズ
28日	福岡ド	0—6	西	④	●佐久本
30日	福岡ド	7—3	オ	④	○篠　原

≪7　月≫

	球　場	スコア	相手	順位	責任投手
1日	福岡ド	6—2	オ	④	○武　田
3日	千葉マ	4—3	ロ	④	○ヒデカズ
4日	千葉マ	10—7	ロ	④	○佐久本
5日	千葉マ	10—3	ロ	④	○吉　武
7日	前　橋	11—0	西	③	○西　村
8日	西武ド	11—4	西	②	○武　田
9日	西武ド	1—5	西	③	●ヒデカズ
10日	大阪ド	2—11	近	④	●山　崎
11日	大阪ド	0—7	近	④	●木村恵
12日	大阪ド	13—0	近	③	○佐久本
14日	福岡ド	1—8	ロ	④	●西　村
15日	福岡ド	5—2	ロ	④	○武　田
16日	福岡ド	2—3	ロ	④	●ヒデカズ
18日	福岡ド	5—3	オ	④	○山　崎
19日	福岡ド	12—7	オ	③	○斉　藤
20日	福岡ド	6—1	オ	③	○西　村
25日	大阪ド	3—6	近	③	●工　藤
26日	大阪ド	0—11	近	④	●武　田
27日	大阪ド	3—4	近	④	●吉　田
28日	北九州	1—3	ロ	④	●西　村
29日	福岡ド	3—8	ロ	④	●ヒデカズ
30日	福岡ド	3—2	ロ	④	○山　崎
31日	福岡ド	1—3	西	④	●工　藤

≪8　月≫

	球　場	スコア	相手	順位	責任投手
1日	福岡ド	5—5	西	④	△吉　田
2日	福岡ド	0—4	西	④	●佐久本
4日	福岡ド	6—5	日	④	○西　村
5日	福岡ド	1—3	日	④	●ヒデカズ
6日	北九州	0—11	日	④	●山　崎
7日	神　戸	3—2	オ	④	○工　藤
8日	神　戸	4—6	オ	④	●岡　本
9日	神　戸	8—10	オ	④	●佐久本
11日	福岡ド	1—5	近	④	●西　村
12日	福岡ド	15—4	近	④	○ヒデカズ
13日	福岡ド	3—2	近	④	○工　藤
15日	高　松	8—2	日	④	○武　田
16日	倉　敷	2—0	日	④	○ウィリアムズ
18日	西武ド	1—8	西	④	●西　村
19日	西武ド	2—4	西	④	●篠　原
20日	西武ド	5—2	西	④	○藤　井
21日	千葉マ	9—2	ロ	④	○武　田
22日	千葉マ	5—1	ロ	④	○ウィリアムズ
23日	千葉マ	3—1	ロ	④	○藤　井
25日	福岡ド	2—5	オ	④	●西　村
26日	福岡ド	5—7	オ	④	●篠　原
27日	福岡ド	4—3	オ	④	○工　藤
28日	福岡ド	4—3	日	④	○武　田
29日	福岡ド	3—0	日	④	○ウィリアムズ
30日	福岡ド	8—5	日	④	○藤　井

≪9　月≫

	球　場	スコア	相手	順位	責任投手
1日	大阪ド	7—1	近	③	○西　村
2日	大阪ド	1—4	近	④	●工　藤
4日	北九州	1—7	西	④	●ウィリアムズ
5日	福岡ド	9—2	西	③	○武　田
6日	福岡ド	0—6	西	④	●佐久本
8日	千葉マ	0—11	ロ	④	●西　村
9日	千葉マ	7—4	ロ	④	○工　藤
10日	千葉マ	1—2	ロ	④	●ヒデカズ
11日	福岡ド	5—4	近	④	○武　田
12日	福岡ド	4—3	近	④	○ウィリアムズ
13日	福岡ド	7—4	近	③	○佐久本
15日	西武ド	4—3	西	②	○吉　田
16日	西武ド	6—4	西	②	○工　藤
17日	西武ド	2—4	西	②	●武　田
18日	東京ド	2—5	日	③	●ウィリアムズ
19日	東京ド	3—1	日	③	○佐久本
20日	東京ド	2—7	日	③	●西　村
22日	福岡ド	2—9	ロ	③	●武　田
23日	福岡ド	3—1	ロ	③	○吉　田
25日	神　戸	2—7	オ	③	●佐久本
26日	神　戸	0—5	オ	④	●西　村
27日	神　戸	1—7	オ	④	●武　田

≪10　月≫

	球　場	スコア	相手	順位	責任投手
3日	千葉マ	1—7	ロ	④	●工　藤
4日	西武ド	0—5	西	④	●武　田

1999

OH-Hawks
All scores of 14 years

99年成績	試合数	勝	敗	分	勝率
①ダイエー	135	78	54	3	.591
②西　武	135	75	59	1	.560
③オリックス	135	68	65	2	.511
④ロッテ	135	63	70	2	.474
⑤日本ハム	135	60	73	2	.451
⑥近　鉄	135	54	77	4	.412

≪4　月≫

	球　場	スコア	相手	順位	責任投手
3日	西武ド	0—1	西	④	●西　村
4日	西武ド	3—0	西	②	○佐久本
6日	福岡ド	6—2	ロ	①	○工　藤
7日	北九州	2—22	ロ	②	●吉　武
8日	福岡ド	5—8	ロ	③	●山　崎
9日	大阪ド	4—3	近	②	○長　冨
10日	大阪ド	8—5	近	①	○西　村
11日	大阪ド	3—10	近	②	●佐久本
13日	福岡ド	0—3	日	⑤	●長　冨
14日	福岡ド	6—16	日	⑥	●斉　藤
15日	福岡ド	1—6	日	⑥	●若田部
16日	神　戸	2—1	オ	⑤	○西　村
17日	神　戸	7—6	オ	⑤	○篠　原
20日	福岡ド	3—0	近	③	○工　藤
21日	福岡ド	2—1	近	②	○山　田
22日	福岡ド	2—14	近	④	●西　村
27日	東京ド	2—3	日	④	●工　藤
28日	東京ド	8—6	日	④	○山　田
29日	東京ド	9—8	日	③	○長　冨
30日	福岡ド	10—1	西	②	○永　井

≪5　月≫

1日	福岡ド	2—7	西	③	●佐久本
2日	福岡ド	5—1	西	②	○星　野
3日	福岡ド	6—11	オ	③	●山　田
4日	福岡ド	6—1	オ	②	○工　藤
5日	福岡ド	3—5	オ	②	●西　村
7日	西武ド	2—0	西	②	○永　井
8日	西武ド	5—4	西	②	○佐久本
9日	西武ド	2—1	西	①	○星　野
11日	福岡ド	3—5	ロ	①	●工　藤
12日	福岡ド	4—1	ロ	①	○若田部
13日	福岡ド	8—3	ロ	①	○篠　原
14日	福岡ド	2—8	近	①	●永　井
15日	福岡ド	3—2	近	①	○藤　井
16日	福岡ド	4—5	近	①	●星　野
18日	東京ド	9—5	日	①	○工　藤
19日	東京ド	2—3	日	①	●山　田
20日	東京ド	4—3	日	①	○篠　原
21日	北九州	5—4	オ	①	○篠　原
22日	福岡ド	4—14	オ	①	●佐久本
23日	福岡ド	6—5	オ	①	○星　野
25日	千葉マ	3—3	ロ	①	△ペドラザ
26日	千葉マ	5—6	ロ	①	●山　田
27日	千葉マ	2—5	ロ	①	●山　田
28日	福岡ド	8—0	西	①	○永　井
29日	福岡ド	0—4	西	①	●倉　野
30日	福岡ド	2—3	西	①	●星　野

≪6　月≫

1日	神　戸	4—5	オ	①	●工　藤
2日	神　戸	4—2	オ	①	○若田部
3日	神　戸	7—3	オ	①	○西　村
4日	大阪ド	5—5	近	①	△山　田
5日	大阪ド	10—7	近	①	○田之上
6日	大阪ド	5—1	近	①	○星　野
8日	福岡ド	3—0	日	①	○工　藤
9日	福岡ド	5—1	日	①	○若田部
10日	福岡ド	5—3	日	①	○西　村
11日	福岡ド	3—7	オ	①	●永　井
12日	福岡ド	2—0	オ	①	○田之上
13日	福岡ド	6—2	オ	①	○星　野
15日	福岡ド	5—2	近	①	○工　藤
16日	福岡ド	8—6	近	①	○篠　原
17日	福岡ド	2—1	近	①	○山　田
19日	福岡ド	4—2	西	①	○永　井
20日	福岡ド	3—6	西	①	●星　野
22日	東京ド	6—0	日	①	○工　藤
23日	東京ド	9—4	日	①	○篠　原
24日	東京ド	11—6	日	①	○藤　井
25日	西武ド	0—7	西	①	●永　井
26日	西武ド	0—7	西	①	●田之上
27日	西武ド	1—5	西	①	●星　野
29日	千葉マ	1—7	ロ	①	●工　藤
30日	千葉マ	3—4	ロ	①	●若田部

≪7　月≫

1日	千葉マ	4—5	ロ	①	●吉　田
3日	福岡ド	6—13	オ	①	●田之上
4日	福岡ド	6—2	オ	①	○星　野
6日	大阪ド	4—5	近	①	●ペドラザ
7日	大阪ド	0—9	近	②	●若田部
9日	福岡ド	5—4	日	①	○永　井
10日	福岡ド	6—6	日	①	△ペドラザ
11日	福岡ド	5—0	日	①	○水　田
13日	福岡ド	1—0	ロ	①	○工　藤
14日	福岡ド	6—2	ロ	①	○若田部
15日	福岡ド	5—3	ロ	①	○永　井
17日	福岡ド	3—1	西	①	○ペドラザ
18日	福岡ド	5—7	西	①	●佐久本
20日	神　戸	3—8	オ	①	●工　藤
21日	神　戸	13—5	オ	①	○若田部
22日	神　戸	5—6	オ	①	●水　田
31日	札幌円山	4—3	日	①	○若田部

≪8　月≫

1日	札幌円山	3—5	日	①	●星　野
3日	福岡ド	2—1	ロ	①	○ペドラザ
4日	福岡ド	8—3	ロ	①	○永　井
7日	北九州	4—2	近	①	○若田部
8日	北九州	6—5	近	①	○篠　原
10日	西武ド	2—4	西	①	●工　藤
11日	西武ド	2—1	西	①	○永　井
12日	西武ド	0—2	西	①	●星　野
13日	千葉マ	1—4	ロ	①	●若田部
14日	千葉マ	0—4	ロ	①	●水　田
15日	千葉マ	8—4	ロ	①	○藤　井
17日	福岡ド	8—2	オ	①	○工　藤
18日	福岡ド	2—1	オ	①	○篠　原
19日	福岡ド	6—4	オ	①	○篠　原
20日	福岡ド	13—0	日	①	○若田部
21日	福岡ド	2—3	日	①	●田之上
22日	福岡ド	6—0	日	①	○工　藤
24日	大阪ド	3—1	近	①	○永　井
25日	大阪ド	7—2	近	①	○星　野
26日	大阪ド	0—3	近	①	●ヒデカズ
27日	西武ド	4—3	西	①	○若田部
28日	西武ド	0—1	西	①	●工　藤
29日	西武ド	1—3	西	①	●永　井
31日	千葉マ	6—2	ロ	①	○星　野

≪9　月≫

1日	千葉マ	6—9	ロ	①	●藤　井
2日	千葉マ	2—6	ロ	①	●若田部
4日	福岡ド	7—5	オ	①	○ヒデカズ
5日	福岡ド	2—12	オ	①	●星　野
7日	福岡ド	1—4	西	①	●永　井
8日	福岡ド	7—3	西	①	○篠　原
9日	北九州	1—9	西	①	●佐久本
10日	大阪ド	4—6	近	①	●星　野
11日	大阪ド	4—1	近	①	○工　藤
12日	大阪ド	2—1	近	①	○篠　原
14日	東京ド	4—1	日	①	○若田部
15日	東京ド	5—8	日	①	●佐久本
17日	福岡ド	5—4	ロ	①	○篠　原
18日	福岡ド	6—2	ロ	①	○星　野
19日	福岡ド	1—0	ロ	①	○篠　原
23日	神　戸	2—1	オ	①	○ペドラザ
25日	福岡ド	5—4	日	①	○篠　原
26日	福岡ド	5—4	日	①	○吉　武
29日	福岡ド	3—2	近	①	○星　野
30日	福岡ド	4—5	近	①	●篠　原

≪10　月≫

3日	千葉マ	5—2	ロ	①	○永　井
5日	神　戸	6—4	オ	①	○佐久本
6日	神　戸	1—3	オ	①	●若田部

00年成績	試合数	勝	敗	分	勝率
①ダイエー	135	73	60	2	.549
②西武	135	69	61	5	.531
③日本ハム	135	69	65	1	.515
④オリックス	135	64	67	4	.489
⑤ロッテ	135	62	67	6	.481
⑥近鉄	135	58	75	2	.436

≪4月≫

	球場	スコア	相手	順位	責任投手
1日	福岡ド	8−7	ロ	①	○吉田
2日	福岡ド	9−6	ロ	①	○若田部
4日	大阪ド	8−3	近	①	○永井
5日	大阪ド	10−5	近	①	○田之上
6日	大阪ド	3−4	近	①	●ペドラザ
7日	北九州	7−1	日	①	○ラジオ
8日	福岡ド	4−0	日	①	○若田部
9日	福岡ド	1−7	日	①	●渡辺秀
11日	西武ド	2−4	西	②	●永井
12日	西武ド	0−3	西	②	●田之上
13日	西武ド	2−7	西	③	●佐久本
14日	神戸	2−4	オ	③	●ラジオ
16日	神戸	5−6	オ	④	●若田部
18日	千葉マ	5−1	ロ	④	○永井
19日	千葉マ	6−4	ロ	④	○田之上
22日	福岡ド	1−0	近	③	○若田部
23日	福岡ド	3−1	近	③	○ラジオ
25日	福岡ド	6−1	オ	③	○永井
27日	福岡ド	0−1	オ	④	●田之上
28日	東京ド	3−5	日	④	●若田部
29日	東京ド	4−2	日	④	○篠原
30日	東京ド	5−7	日	④	●佐久本

≪5月≫

	球場	スコア	相手	順位	責任投手
2日	福岡ド	3−1	西	④	○永井
3日	福岡ド	4−10	西	④	●吉田
4日	福岡ド	13−4	西	③	○若田部
5日	大阪ド	7−11	近	③	●ラジオ
6日	大阪ド	3−6	近	④	●松本
7日	大阪ド	9−8	近	③	○吉田
9日	福岡ド	4−6	日	④	●長冨
10日	福岡ド	0−4	日	④	●若田部
11日	福岡ド	4−3	日	④	○ラジオ
12日	福岡ド	0−1	西	④	●松本
13日	福岡ド	7−3	西	③	○篠原
14日	福岡ド	0−5	西	④	●田之上
16日	千葉マ	4−1	ロ	③	○若田部
17日	千葉マ	4−3	ロ	③	○ラジオ
18日	千葉マ	1−8	ロ	③	●松本
19日	北九州	5−2	近	③	○永井
20日	福岡ド	6−5	近	③	○篠原
21日	福岡ド	0−4	近	③	●若田部
24日	西武ド	5−5	西	③	△篠原
25日	西武ド	0−1	西	③	●永井
27日	福岡ド	10−9	オ	③	○篠原
28日	福岡ド	3−1	オ	③	○篠原
30日	東京ド	3−6	日	③	●ラジオ
31日	東京ド	6−5	日	③	○篠原

≪6月≫

	球場	スコア	相手	順位	責任投手
1日	東京ド	6−3	日	③	○吉田
2日	福岡ド	7−6	ロ	③	○吉田
3日	福岡ド	6−11	ロ	③	●若田部
4日	福岡ド	0−3	ロ	③	●ラジオ
6日	盛岡	1−11	オ	③	●永井
7日	仙台	3−6	オ	③	●土井
9日	福岡ド	2−3	近	④	●若田部
10日	福岡ド	4−1	近	④	○ラジオ
11日	福岡ド	4−3	近	④	○吉田
13日	北九州	5−4	西	④	○篠原
14日	福岡ド	1−6	西	④	●土井
15日	福岡ド	12−2	西	③	○若田部
17日	東京ド	7−4	日	③	○渡辺正
18日	東京ド	2−6	日	③	●星野
20日	神戸	13−3	オ	②	○永井
21日	神戸	9−2	オ	②	○土井
23日	福岡ド	19−6	ロ	②	○渡辺正
24日	福岡ド	1−0	ロ	②	○斉藤和
25日	福岡ド	8−11	ロ	②	●渡辺正
27日	福岡ド	6−8	日	②	●星野
28日	福岡ド	8−5	日	②	○篠原

≪7月≫

	球場	スコア	相手	順位	責任投手
1日	大阪ド	3−3	近	①	△ペドラザ
2日	大阪ド	8−5	近	①	○田之上
4日	福井	9−1	ロ	①	○星野
5日	金沢	0−2	ロ	①	●土井
6日	富山	7−8	ロ	①	●篠原
8日	札幌円山	5−9	西	③	●ラジオ
9日	札幌円山	3−4	西	③	●ペドラザ
11日	福岡ド	3−2	オ	③	○若田部
12日	福岡ド	4−3	オ	③	○田之上
13日	福岡ド	7−2	オ	②	○永井
14日	福岡ド	5−4	日	①	○渡辺正
15日	福岡ド	2−7	日	①	●ラジオ
16日	福岡ド	4−3	日	①	○篠原
19日	千葉マ	5−6	ロ	①	●若田部
20日	千葉マ	2−7	ロ	②	●土井
28日	神戸	5−3	オ	②	○ペドラザ
29日	神戸	1−3	オ	②	●斉藤和
30日	神戸	8−6	オ	②	○吉田
31日	神戸	6−0	オ	①	○土井

≪8月≫

	球場	スコア	相手	順位	責任投手
1日	福岡ド	5−3	近	①	○吉田
2日	福岡ド	2−0	近	①	○星野
5日	福島	2−0	日	①	○田之上
6日	いわき	9−2	日	①	○斉藤和
8日	福岡ド	2−6	西	①	●永井
9日	福岡ド	6−2	西	①	○土井
10日	福岡ド	4−5	西	①	●若田部
11日	大阪ド	12−0	近	①	○星野
12日	大阪ド	6−1	近	①	○田之上
13日	大阪ド	3−0	近	①	○斉藤和
15日	福岡ド	2−5	オ	①	●吉田
16日	福岡ド	7−4	オ	①	○長冨
17日	福岡ド	8−12	オ	①	●若田部
18日	北九州	5−8	ロ	②	●星野
19日	福岡ド	6−4	ロ	①	○田之上
20日	福岡ド	5−6	ロ	②	●篠原
22日	西武ド	2−3	西	②	●星野
23日	西武ド	9−11	西	②	●ペドラザ
24日	西武ド	1−0	西	②	○若田部
26日	東京ド	0−15	日	②	●田之上
27日	東京ド	5−7	日	②	●吉田
28日	東京ド	7−8	日	②	●篠原
29日	千葉マ	3−11	ロ	②	●永井
30日	千葉マ	1−4	ロ	②	●星野

≪9月≫

	球場	スコア	相手	順位	責任投手
1日	福岡ド	3−2	オ	②	○ラジオ
2日	福岡ド	5−4	オ	②	○ペドラザ
3日	福岡ド	11−5	オ	②	○斉藤和
5日	福岡ド	5−4	日	①	○渡辺正
6日	福岡ド	11−7	日	①	○渡辺正
8日	西武ド	6−3	西	①	○若田部
9日	西武ド	3−2	西	①	○吉田
10日	西武ド	7−5	西	①	○永井
12日	福岡ド	7−3	ロ	①	○ラジオ
13日	福岡ド	1−3	ロ	①	●若田部
15日	福岡ド	1−2	近	①	●斉藤和
16日	福岡ド	0−6	近	①	●永井
17日	福岡ド	6−1	近	①	○ラジオ
23日	大阪ド	5−1	近	①	○吉田
24日	大阪ド	9−5	近	①	○ペドラザ
30日	東京ド	3−2	日	①	○斉藤和

≪10月≫

	球場	スコア	相手	順位	責任投手
1日	福岡ド	3−2	近	①	○渡辺正
3日	福岡ド	1−2	西	①	●ペドラザ
4日	福岡ド	3−0	西	①	○永井
5日	千葉マ	5−8	ロ	①	●渡辺秀
6日	千葉マ	4−5	ロ	①	●星野
7日	福岡ド	1−0	オ	①	○田之上
8日	神戸	3−8	オ	①	●若田部
11日	神戸	6−10	オ	①	●永井

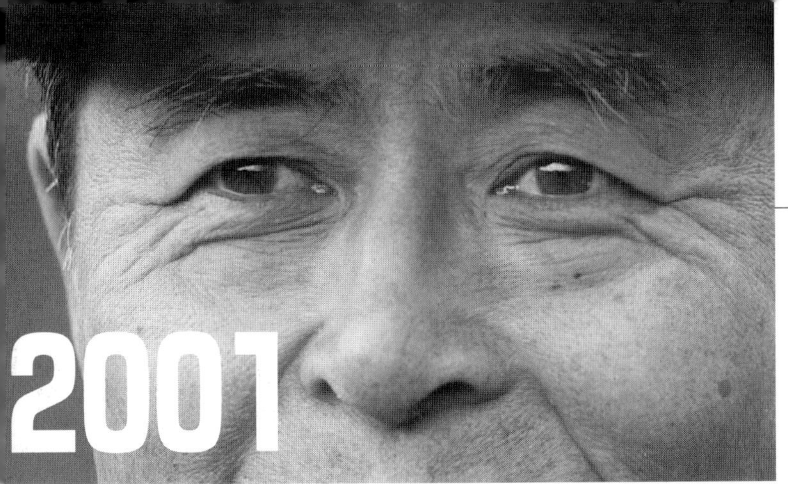

OH-Hawks
All scores of 14 years

01年成績	試合数	勝	敗	分	勝率
①近鉄	140	78	60	2	.565
②ダイエー	140	76	63	1	.547
③西武	140	73	67	0	.521
④オリックス	140	70	66	4	.515
⑤ロッテ	140	64	74	2	.464
⑥日本ハム	140	53	84	3	.387

≪3　月≫

	球場	スコア	相手	順位	責任投手
24日	福岡ド	2－6	オ	④	●西村
25日	福岡ド	4－0	オ	③	○田之上
27日	大阪ド	4－0	近	①	○星野
28日	大阪ド	7－4	近	①	○山田
30日	福岡ド	6－5	日	①	○ラジオ
31日	福岡ド	0－1	日	②	●斉藤

≪4　月≫

	球場	スコア	相手	順位	責任投手
1日	福岡ド	5－7	日	②	●田之上
2日	西武ド	4－6	西	③	●星野
3日	西武ド	3－10	西	⑤	●永井
4日	西武ド	1－10	西	⑥	●山田
6日	千葉マ	4－1	ロ	④	○ラジオ
7日	千葉マ	6－7	ロ	⑤	●若田部
8日	千葉マ	0－8	ロ	⑥	●田之上
9日	福岡ド	7－2	近	⑤	○星野
10日	福岡ド	13－6	近	④	○篠原
13日	神戸	18－3	オ	③	○ラジオ
14日	神戸	3－9	オ	④	●西村
15日	神戸	11－3	オ	②	○田之上
16日	福岡ド	1－2	ロ	③	●吉田
17日	福岡ド	6－2	ロ	③	○永井
18日	北九州	10－3	ロ	③	○ラジオ
20日	福岡ド	6－1	西	③	○ヘイニー
21日	福岡ド	3－2	西	②	○渡辺正
22日	福岡ド	3－5	西	③	●ペドラザ
24日	東京ド	13－1	日	①	○星野
25日	東京ド	10－7	日	①	○倉野
26日	東京ド	8－5	日	①	○ヘイニー
28日	福岡ド	6－11	近	②	●渡辺正
29日	福岡ド	4－3	近	①	○ペドラザ
30日	福岡ド	5－12	近	②	●星野

≪5　月≫

	球場	スコア	相手	順位	責任投手
1日	福岡ド	6－2	ロ	①	○田之上
2日	福岡ド	8－7	ロ	①	○ペドラザ
3日	福岡ド	2－10	ロ	①	●永井
4日	大阪ド	10－9	近	①	○吉田
5日	大阪ド	4－3	近	①	○吉田
6日	大阪ド	4－3	近	①	○星野
9日	富山	3－5	オ	①	●ヘイニー
12日	福岡ド	4－2	西	①	○若田部
13日	福岡ド	3－5	西	①	●吉田
14日	東京ド	3－9	日	②	●星野
15日	東京ド	8－5	日	②	○渡辺正
18日	福岡ド	7－1	オ	②	○ラジオ
19日	福岡ド	1－17	オ	②	●若田部
20日	福岡ド	9－4	オ	②	○岡本
22日	北九州	9－3	日	②	○渡辺正
23日	福岡ド	9－9	日	②	△倉野
25日	西武ド	2－3	西	②	●ペドラザ
26日	西武ド	8－2	西	①	○若田部
27日	西武ド	4－6	西	①	●吉田
28日	千葉マ	3－4	ロ	②	●吉武
29日	千葉マ	1－2	ロ	②	●星野
30日	千葉マ	3－4	ロ	②	●倉野

≪6　月≫

	球場	スコア	相手	順位	責任投手
2日	福岡ド	9－1	西	②	○ラジオ
3日	福岡ド	3－6	西	②	●田之上
4日	福岡ド	6－3	日	①	○星野
5日	福岡ド	2－1	日	①	○ペドラザ
6日	福岡ド	7－2	日	①	○永井
8日	神戸	9－3	オ	①	○ラジオ
9日	神戸	2－0	オ	①	○田之上
10日	神戸	4－1	オ	①	○松
12日	福岡ド	9－5	近	①	○星野
13日	福岡ド	8－15	近	①	●吉田
16日	千葉マ	3－5	ロ	①	●吉田
17日	千葉マ	5－7	ロ	①	●岡本
18日	東京ド	5－3	日	①	○吉田
19日	東京ド	11－6	日	①	○篠原
22日	大阪ド	9－18	近	①	●ラジオ
23日	大阪ド	5－6	近	①	●田之上
24日	大阪ド	5－6	近	①	●星野
25日	福岡ド	3－11	オ	②	●松
26日	福岡ド	2－3	オ	②	●倉野
27日	北九州	2－10	オ	②	●ラジオ
29日	福岡ド	4－0	ロ	②	○田之上
30日	福岡ド	2－5	ロ	②	●星野

≪7　月≫

	球場	スコア	相手	順位	責任投手
1日	福岡ド	6－4	ロ	②	○佐久本
2日	西武ド	1－10	西	③	●松
3日	西武ド	1－4	西	③	●ラジオ
6日	大阪ド	4－3	近	③	○田之上
7日	大阪ド	14－2	近	③	○星野
8日	大阪ド	7－0	近	②	○山田
9日	千葉マ	9－10	ロ	②	●ペドラザ
10日	千葉マ	1－6	ロ	③	●松
11日	千葉マ	6－4	ロ	②	○田之上
13日	福岡ド	3－1	日	②	○星野
14日	福岡ド	4－1	日	②	○ラジオ
15日	福岡ド	2－6	日	②	●山田
16日	福岡ド	6－5	オ	②	○田之上
17日	福岡ド	0－2	オ	②	●ヘイニー
27日	福岡ド	8－3	近	②	○星野
28日	福岡ド	3－2	近	①	○長冨
29日	北九州	3－6	近	②	●田之上
30日	西武ド	3－2	西	②	○岡本
31日	西武ド	3－6	西	②	●ヘイニー

≪8　月≫

	球場	スコア	相手	順位	責任投手
1日	西武ド	2－3	西	②	●長冨
3日	東京ド	13－8	日	②	○星野
4日	東京ド	3－4	日	②	●長冨
5日	東京ド	4－7	日	③	●若田部
6日	福岡ド	3－2	ロ	②	○田之上
7日	福岡ド	3－10	ロ	②	●岡本
8日	福岡ド	5－0	ロ	②	○星野
10日	神戸	12－7	オ	②	○若田部
11日	神戸	10－5	オ	②	○篠原
12日	神戸	1－2	オ	②	●ペドラザ
13日	北九州	9－8	西	②	○岡本
14日	福岡ド	7－11	西	②	●ヘイニー
15日	福岡ド	3－2	西	①	○ペドラザ
17日	福岡ド	8－6	近	①	○倉野
18日	福岡ド	5－2	近	①	○田之上
19日	福岡ド	1－2	近	①	●倉野
21日	仙台	3－7	ロ	①	●岡本
24日	福岡ド	4－10	西	③	●ラジオ
25日	福岡ド	3－2	西	①	○岡本
26日	福岡ド	3－1	西	①	○若田部
27日	東京ド	6－5	日	①	○星野
28日	東京ド	4－1	日	①	○倉野
29日	東京ド	12－1	日	①	○ラジオ
31日	福岡ド	8－9	オ	①	●岡本

≪9　月≫

	球場	スコア	相手	順位	責任投手
1日	福岡ド	4－2	オ	①	○若田部
2日	福岡ド	0－2	オ	②	●倉野
3日	福岡ド	0－8	ロ	②	●星野
4日	福岡ド	4－6	ロ	②	●ラジオ
7日	大阪ド	8－1	近	①	○田之上
8日	大阪ド	9－8	近	①	○倉野
9日	大阪ド	5－6	近	①	●吉田
11日	神戸	7－5	オ	①	○倉野
12日	神戸	1－3	オ	③	●田之上
13日	神戸	3－6	オ	③	●星野
14日	西武ド	2－10	西	③	●若田部
15日	西武ド	8－11	西	③	●佐久本
16日	西武ド	6－1	西	③	○田之上
17日	福岡ド	3－6	日	③	●ラジオ
18日	福岡ド	8－1	日	③	○星野
19日	福岡ド	7－1	日	②	○永井
23日	福岡ド	7－12	オ	③	●田之上
24日	千葉マ	1－8	ロ	③	●星野
25日	千葉マ	10－8	ロ	③	○岡本
26日	福岡ド	9－0	西	②	○若田部
29日	東京ド	5－4	日	②	○倉野
30日	福岡ド	12－4	近	②	○田之上

≪10　月≫

	球場	スコア	相手	順位	責任投手
3日	神戸	7－5	オ	②	○倉野

02年成績	試合数	勝	敗	分	勝率
①西　武	140	90	49	1	.647
②近　鉄	140	73	65	2	.529
③ダイエー	140	73	65	2	.529
④ロッテ	140	67	72	1	.482
⑤日本ハム	140	61	76	3	.445
⑥オリックス	140	50	87	3	.365

≪3　月≫

	球　場	スコア	相手	順位	責任投手
30日	福岡ド	4－3	日	①	○鈴　木
31日	福岡ド	7－3	日	①	○ラジオ

≪4　月≫

	球　場	スコア	相手	順位	責任投手
1日	福岡ド	6－2	ロ	①	○杉　内
2日	北九州	10－0	ロ	①	○星　野
3日	福岡ド	7－3	ロ	①	○山　田
6日	神　戸	10－3	オ	①	○田之上
7日	神　戸	2－5	オ	①	●ラジオ
8日	福岡ド	4－4	近	①	△ペドラザ
9日	福岡ド	4－6	近	①	●鈴　木
10日	福岡ド	4－3	近	①	○飯　島
12日	西武ド	1－2	西	②	●田之上
13日	西武ド	6－3	西	①	○吉　田
14日	西武ド	7－17	西	②	●杉　内
15日	東京ド	12－9	日	①	○飯　島
16日	東京ド	5－4	日	①	○倉　野
17日	東京ド	6－2	日	①	○山　田
19日	大阪ド	2－4	近	①	●田之上
20日	大阪ド	9－4	近	①	○ラジオ
21日	大阪ド	3－2	近	①	○星　野
23日	福岡ド	2－4	西	①	●飯　島
24日	福岡ド	11－3	西	①	○山　田
26日	北九州	2－5	オ	①	●ペドラザ
27日	福岡ド	0－10	オ	②	●ラジオ
28日	福岡ド	3－1	オ	①	○寺　原
29日	千葉マ	5－4	ロ	①	○星　野
30日	千葉マ	11－6	ロ	①	○杉　内

≪5　月≫

	球　場	スコア	相手	順位	責任投手
1日	千葉マ	2－3	ロ	①	●飯　島
3日	東京ド	1－2	日	①	●田之上
4日	東京ド	2－8	日	①	●ラジオ
5日	東京ド	0－4	日	②	●寺　原
6日	福岡ド	4－3	近	②	○星　野
8日	福岡ド	4－1	近	②	○山　田
11日	福岡ド	1－0	ロ	②	○岡　本
12日	福岡ド	12－5	ロ	②	○飯　島
14日	台　北	5－4	オ	①	○ペドラザ
15日	台　北	7－8	オ	①	●山　田
18日	長　野	2－7	西	②	●田之上
19日	長　野	2－9	西	②	●杉　内
20日	大阪ド	1－8	近	②	●星　野
21日	大阪ド	6－8	近	②	●山　田
24日	福岡ド	3－2	日	②	○寺　原
25日	福岡ド	3－6	日	②	●永　井
26日	福岡ド	2－3	日	②	●岡　本
27日	福岡ド	3－5	西	②	●山　田
28日	北九州	8－1	西	②	○若田部
29日	福岡ド	3－2	西	②	○寺　原

≪6　月≫

	球　場	スコア	相手	順位	責任投手
1日	金　沢	6－4	ロ	②	○吉　田
2日	富　山	1－2	ロ	③	●山　田
6日	ナゴヤド	2－6	オ	③	●寺　原
7日	ナゴヤド	4－1	オ	③	○若田部
8日	ナゴヤド	3－7	オ	③	●星　野
10日	福岡ド	2－4	日	③	●田之上
11日	福岡ド	2－1	日	③	○吉　田
15日	大阪ド	7－9	近	③	●星　野
16日	大阪ド	6－5	近	③	○吉　田
19日	西武ド	9－5	西	③	○若田部
20日	西武ド	4－5	西	③	●吉　田
22日	高　松	0－6	日	③	●星　野
23日	松　山	3－5	日	③	●田之上
28日	福岡ド	5－2	近	③	○若田部
29日	福岡ド	3－4	近	③	●山　田

≪7　月≫

	球　場	スコア	相手	順位	責任投手
3日	仙　台	7－0	オ	③	○若田部
5日	福岡ド	8－3	ロ	③	○山　田
6日	福岡ド	4－6	ロ	③	●飯　島
7日	福岡ド	6－1	ロ	③	○ラジオ
8日	福岡ド	4－6	西	③	●　松
9日	福岡ド	8－1	西	③	○若田部
10日	福岡ド	2－7	西	③	●山　田
16日	千葉マ	4－3	ロ	③	○吉　田
17日	千葉マ	3－5	ロ	③	●永　井
18日	千葉マ	5－3	ロ	③	○岡　本
19日	福岡ド	0－17	オ	③	●若田部
20日	福岡ド	6－1	オ	③	○田之上
21日	福岡ド	2－3	オ	③	●吉　田
22日	福岡ド	8－5	近	③	○永　井
23日	福岡ド	2－4	近	③	●星　野
24日	福岡ド	4－10	近	③	●若田部
26日	東京ド	1－2	日	③	●渡　辺
27日	東京ド	6－3	日	③	○ラジオ
28日	東京ド	8－9	日	③	●星　野
29日	神　戸	1－2	オ	③	●若田部
30日	神　戸	6－3	オ	③	○寺　原
31日	神　戸	6－3	オ	③	○田之上

≪8　月≫

	球　場	スコア	相手	順位	責任投手
2日	福岡ド	7－5	西	③	○ラジオ
3日	福岡ド	1－2	西	③	●若田部
4日	福岡ド	3－4	西	③	●小　椋
5日	千葉マ	3－6	ロ	③	●永　井
6日	千葉マ	0－4	ロ	③	●田之上
7日	千葉マ	3－7	ロ	③	●ラジオ
9日	大阪ド	5－10	近	③	●若田部
10日	大阪ド	7－5	近	③	○斉　藤
11日	大阪ド	11－3	近	③	○永　井
12日	福岡ド	5－4	日	③	○岡　本
13日	福岡ド	7－3	日	③	○ラジオ
14日	福岡ド	1－0	日	③	○星　野
16日	福岡ド	0－3	オ	③	●若田部
17日	福岡ド	3－1	オ	③	○斉　藤
18日	福岡ド	7－1	オ	③	○田之上
19日	西武ド	5－10	西	③	●永　井
20日	西武ド	0－6	西	③	●ラジオ
21日	西武ド	0－4	西	③	●若田部
23日	福岡ド	1－2	ロ	③	●星　野
24日	福岡ド	4－2	ロ	③	○渡　辺
25日	福岡ド	4－1	ロ	③	○田之上
26日	福岡ド	5－0	日	③	○永　井
27日	北九州	17－7	日	③	○星　野
28日	福岡ド	7－1	日	③	○若田部
30日	千葉マ	10－3	ロ	③	○星　野
31日	千葉マ	5－3	ロ	③	○斉　藤

≪9　月≫

	球　場	スコア	相手	順位	責任投手
1日	千葉マ	2－12	ロ	③	●田之上
2日	神　戸	1－4	オ	③	●　輝
3日	神　戸	7－1	オ	③	○若田部
4日	神　戸	6－2	オ	③	○水　田
6日	福岡ド	5－2	近	③	○星　野
7日	福岡ド	2－3	近	③	●ペドラザ
8日	福岡ド	3－2	近	③	○岡　本
9日	西武ド	6－7	西	③	●　輝
10日	西武ド	4－2	西	②	○若田部
11日	西武ド	11－3	西	②	○水　田
14日	福岡ド	2－3	ロ	②	●斉　藤
15日	福岡ド	11－4	ロ	②	○星　野
16日	福岡ド	0－4	オ	②	●永　井
17日	福岡ド	3－2	オ	②	○吉　田
18日	福岡ド	7－0	オ	②	○田之上
20日	東京ド	8－1	日	②	○水　田
21日	東京ド	1－1	日	②	△吉　田
22日	東京ド	0－1	日	②	●星　野
23日	大阪ド	1－7	近	②	●若田部
24日	大阪ド	4－7	近	③	●吉　田
25日	大阪ド	1－5	近	③	●田之上
27日	福岡ド	6－5	西	③	○吉　田
28日	福岡ド	5－6	西	③	●吉　田
29日	福岡ド	5－4	西	③	○寺　原
30日	大阪ド	1－4	近	③	●星　野

≪10　月≫

	球　場	スコア	相手	順位	責任投手
2日	神　戸	7－5	オ	③	○寺　原
3日	神　戸	2－3	オ	③	●吉　田
5日	西武ド	4－3	西	③	○若田部
6日	福岡ド	12－4	ロ	③	○斉　藤
8日	福岡ド	3－4	日	③	●星　野

OH-Hawks
All scores of 14 years

03年成績	試合数	勝	敗	分	勝率
①ダイエー	140	82	55	3	.599
②西　武	140	77	61	2	.558
③近　鉄	140	74	64	2	.536
④ロッテ	140	68	69	3	.496
⑤日本ハム	140	62	74	4	.456
⑥オリックス	140	48	88	4	.353

	球場	スコア	相手	順位	責任投手
≪3　月≫					
28日	福岡ド	7－3	ロ	①	○斉藤
29日	福岡ド	0－2	ロ	②	●ナイト
30日	福岡ド	3－0	ロ	②	○杉内
31日	大阪ド	2－5	近	③	●新垣
≪4　月≫					
1日	大阪ド	3－5	近	④	●和田
2日	大阪ド	4－2	近	④	○寺原
4日	東京ド	5－1	日	②	○斉藤
5日	東京ド	6－4	日	②	○ナイト
6日	東京ド	5－7	日	②	●杉内
8日	北九州	4－6	西	③	●新垣
9日	北九州	8－0	西	②	○和田
12日	福岡ド	4－9	オ	②	●斉藤
13日	福岡ド	3－2	オ	③	○ナイト
14日	千葉マ	6－0	ロ	②	○杉内
15日	千葉マ	4－1	ロ	②	○新垣
16日	千葉マ	2－0	ロ	②	○和田
18日	福岡ド	4－2	近	①	○寺原
19日	福岡ド	1－6	近	②	●斉藤
20日	福岡ド	3－2	近	①	○山田
21日	福岡ド	2－3	日	②	●杉内
22日	北九州	12－2	日	①	○新垣
23日	福岡ド	4－3	日	①	○和田
26日	ヤフーBB	7－3	オ	①	○斉藤
27日	ヤフーBB	7－5	オ	①	○寺原
28日	西武ド	1－4	西	①	●杉内
29日	西武ド	1－2	西	①	●新垣
30日	西武ド	4－8	西	①	●岡本
≪5　月≫					
2日	福岡ド	7－6	ロ	①	○山田
3日	福岡ド	4－3	ロ	①	○スクルメタ
4日	福岡ド	3－5	ロ	①	●山田
5日	ヤフーBB	1－3	オ	①	●新垣
6日	ヤフーBB	8－4	オ	①	○和田
9日	福岡ド	3－3	日	①	△スクルメタ
10日	福岡ド	4－1	日	①	○斉藤
11日	福岡ド	1－5	日	①	●杉内
12日	福岡ド	3－7	近	③	●新垣
13日	福岡ド	0－3	近	③	●和田
14日	福岡ド	9－8	近	③	○岡本
16日	札幌ド	6－1	西	①	○寺原
17日	札幌ド	3－1	西	①	○斉藤
18日	札幌ド	2－1	西	①	○杉内
19日	東京ド	9－4	日	①	○新垣
20日	東京ド	12－4	日	①	○和田
21日	東京ド	6－4	日	①	○ナイト
23日	福岡ド	7－8	西	①	●吉武
24日	福岡ド	9－4	西	①	○斉藤
25日	福岡ド	1－7	西	①	●杉内
26日	大阪ド	7－5	近	①	○岡本
27日	大阪ド	6－2	近	①	○和田
28日	大阪ド	4－6	近	①	●ナイト
31日	金沢	3－1	ロ	①	○寺原
≪6　月≫					
2日	福岡ド	2－3	オ	①	●スクルメタ
3日	福岡ド	5－7	オ	①	●吉武
4日	福岡ド	5－4	オ	①	○斉藤
6日	東京ド	3－5	日	①	●ナイト
7日	東京ド	10－11	日	②	●佐藤
8日	東京ド	3－0	日	②	○新垣
9日	西武ド	3－7	西	②	●杉内
10日	西武ド	8－2	西	①	○和田
14日	福岡ド	3－2	近	①	○斉藤
15日	福岡ド	9－2	近	①	○寺原
17日	盛岡	21－11	オ	①	○佐藤
18日	仙台	4－5	オ	①	●岡本
21日	千葉マ	3－2	ロ	①	○斉藤
22日	千葉マ	4－2	ロ	①	○吉田
23日	福岡ド	1－6	日	①	●新垣
24日	福岡ド	4－0	日	①	○永井
25日	福岡ド	3－5	日	①	●吉武
27日	福岡ド	13－3	西	①	○和田
28日	福岡ド	13－1	西	①	○斉藤
29日	福岡ド	10－11	西	①	●佐藤
30日	大阪ド	2－5	近	①	●新垣
≪7　月≫					
1日	大阪ド	14－9	近	①	○永井
5日	福岡ド	4－3	ロ	①	○斉藤
6日	福岡ド	0－5	ロ	①	●和田
7日	福岡ド	8－2	オ	①	○新垣
8日	福岡ド	0－1	オ	①	●永井
9日	福岡ド	2－4	オ	①	●水田
11日	西武ド	3－0	西	①	○和田
12日	西武ド	6－3	西	①	○斉藤
13日	西武ド	14－3	西	①	○新垣
18日	千葉マ	3－4	ロ	①	●杉内
19日	千葉マ	4－2	ロ	①	○新垣
20日	千葉マ	4－7	ロ	①	●吉田
21日	福岡ド	9－1	日	①	○和田
22日	福岡ド	6－0	日	①	○斉藤
23日	福岡ド	3－11	日	①	●寺原
25日	福岡ド	7－4	オ	①	○吉田
26日	福岡ド	15－1	オ	①	○新垣
27日	福岡ド	26－7	オ	①	○永井
28日	福岡ド	8－9	近	①	●篠原
30日	福岡ド	4－3	近	①	○斉藤
≪8　月≫					
1日	ヤフーBB	29－1	オ	①	○杉内
2日	ヤフーBB	6－10	オ	①	●水田
3日	ヤフーBB	10－3	オ	①	○吉武
4日	福岡ド	8－5	西	①	○和田
5日	福岡ド	1－3	西	①	●寺原
6日	福岡ド	11－2	西	①	○斉藤
10日	福島	13－2	日	①	○和田
12日	福岡ド	6－2	ロ	①	○杉内
13日	福岡ド	7－0	ロ	①	○斉藤
15日	大阪ド	3－7	近	①	●寺原
16日	大阪ド	7－3	近	①	○ナイト
17日	大阪ド	4－4	近	①	△岡本
18日	福岡ド	9－4	オ	①	○杉内
19日	福岡ド	2－6	オ	①	●渡辺
20日	福岡ド	4－3	オ	①	○斉藤
22日	福岡ド	5－2	ロ	①	○寺原
23日	福岡ド	3－5	ロ	①	●ナイト
24日	福岡ド	4－1	ロ	①	○杉内
25日	西武ド	8－10	西	①	●和田
26日	西武ド	8－3	西	①	○水田
27日	西武ド	9－5	西	①	○斉藤
29日	千葉マ	4－10	ロ	①	●寺原
30日	千葉マ	6－2	ロ	①	○杉内
31日	千葉マ	2－3	ロ	①	●和田
≪9　月≫					
3日	東京ド	3－3	日	①	△岡本
4日	東京ド	12－9	日	①	○篠原
6日	福岡ド	6－7	西	①	●篠原
7日	福岡ド	0－9	西	①	●水田
8日	福岡ド	7－1	近	①	○杉内
9日	福岡ド	3－2	近	①	○ナイト
10日	福岡ド	2－5	近	①	●斉藤
13日	ヤフーBB	13－7	オ	①	○佐藤
14日	ヤフーBB	20－11	オ	①	○田之上
15日	大阪ド	2－6	近	①	●杉内
16日	大阪ド	6－7	近	①	●篠原
17日	大阪ド	12－4	近	①	○斉藤
20日	福岡ド	3－4	日	①	●田之上
21日	福岡ド	6－1	日	①	○ナイト
23日	福岡ド	2－1	西	①	○杉内
24日	東京ド	6－12	日	①	●佐藤
25日	東京ド	5－1	日	①	○和田
26日	ヤフーBB	3－4	オ	①	●篠原
27日	ヤフーBB	11－12	オ	①	●岡本
28日	福岡ド	4－10	近	①	●寺原
30日	千葉マ	13－10	ロ	①	○佐藤
≪10　月≫					
1日	千葉マ	1－5	ロ	①	●星野
3日	ヤフーBB	10－4	オ	①	○和田
7日	福岡ド	4－1	ロ	①	○斉藤

04年成績	試合数	勝	敗	分	勝率
①西　武	133	74	58	1	.561
②ダイエー	133	77	52	4	.597
③日本ハム	133	66	65	2	.504
④ロッテ	133	65	65	3	.500
⑤近　鉄	133	61	70	2	.466
⑥オリックス	133	49	82	2	.374

≪3　月≫

	球　場	スコア	相手	順位	責任投手
27日	福岡ド	4－3	オ	①	○斉藤
28日	福岡ド	9－11	オ	②	●新垣
29日	福岡ド	11－6	西	①	○杉内
30日	福岡ド	9－2	西	①	○馬原
31日	福岡ド	6－4	西	①	○水田

≪4　月≫

	球　場	スコア	相手	順位	責任投手
2日	千葉マ	4－5	ロ	①	●河野
3日	千葉マ	2－5	ロ	②	●斉藤
4日	千葉マ	4－11	ロ	③	●新垣
5日	大阪ド	6－4	近	②	○倉野
6日	大阪ド	1－2	近	③	●佐藤
7日	大阪ド	5－3	近	②	○グーリン
9日	福岡ド	7－6	日	①	○和田
10日	福岡ド	1－11	日	①	●斉藤
11日	福岡ド	3－3	日	②	△水田
12日	福岡ド	6－5	近	②	○馬原
13日	福岡ド	2－0	近	②	○グーリン
14日	福岡ド	4－3	近	②	○水田
16日	西武ド	0－1	西	②	●和田
17日	西武ド	7－8	西	②	●水田
18日	西武ド	6－3	西	②	○新垣
20日	ヤフーBB	4－1	オ	②	○グーリン
21日	ヤフーBB	7－2	オ	②	○竹岡
23日	札幌ド	5－3	日	②	○星野
24日	札幌ド	10－4	日	①	○竹岡
25日	札幌ド	7－5	日	①	○水田
27日	福岡ド	1－8	ロ	①	●グーリン
28日	福岡ド	11－12	ロ	②	●三瀬
29日	福岡ド	2－2	ロ	②	△三瀬

≪5　月≫

	球　場	スコア	相手	順位	責任投手
1日	大阪ド	5－6	近	②	●水田
2日	大阪ド	1－2	近	②	●倉野
3日	福岡ド	4－7	日	②	●グーリン
4日	福岡ド	7－9	日	②	●水田
5日	福岡ド	4－2	日	②	○星野
7日	福岡ド	3－4	オ	②	●馬原
8日	福岡ド	7－3	オ	②	○新垣
9日	福岡ド	8－7	オ	②	○三瀬
11日	福岡ド	1－2	西	②	●杉内
12日	宮崎	3－13	西	②	●星野
14日	千葉マ	7－1	ロ	②	○和田
15日	千葉マ	21－0	ロ	②	○新垣
17日	福岡ド	4－6	近	②	●松
18日	福岡ド	4－2	近	②	○杉内
19日	福岡ド	6－5	近	②	○山田
21日	西武ド	6－3	西	②	○和田
22日	西武ド	2－5	西	②	●新垣
23日	西武ド	4－2	西	②	○斉藤
24日	札幌ド	16－3	日	②	○グーリン
25日	札幌ド	7－8	日	②	●杉内
26日	札幌ド	5－1	日	②	○三瀬
28日	ヤフーBB	6－1	オ	②	○和田
29日	ヤフーBB	5－1	オ	②	○新垣
30日	ヤフーBB	18－6	オ	②	○斉藤
31日	福岡ド	5－4	ロ	①	○山田

≪6　月≫

	球　場	スコア	相手	順位	責任投手
1日	福岡ド	6－13	ロ	②	●杉内
2日	北九州	5－15	ロ	②	●星野
5日	長野	8－9	西	②	●山田
6日	長野	7－6	西	②	○斉藤
7日	東京ド	9－6	日	②	○グーリン
8日	東京ド	7－1	日	②	○新垣
9日	東京ド	8－4	日	②	○星野
11日	福岡ド	11－2	オ	②	○和田
12日	福岡ド	12－3	オ	①	○倉野
13日	福岡ド	11－6	オ	①	○山田
15日	東京ド	6－5	近	①	○斉藤
16日	福岡ド	1－0	近	①	○山田
18日	千葉マ	7－3	ロ	①	○和田
19日	千葉マ	6－4	ロ	①	○星野
20日	千葉マ	5－6	ロ	①	●グーリン
22日	福岡ド	3－2	日	①	○山田
23日	福岡ド	0－3	日	①	●新垣
25日	大阪ド	8－2	近	①	○和田
26日	大阪ド	1－3	近	①	●星野
27日	大阪ド	12－2	近	①	○グーリン
28日	ヤフーBB	8－3	オ	①	○倉野
29日	ヤフーBB	6－9	オ	①	●山田
30日	ヤフーBB	8－0	オ	①	○新垣

≪7　月≫

	球　場	スコア	相手	順位	責任投手
1日	ヤフーBB	1－10	オ	①	●和田
2日	福岡ド	1－13	ロ	①	●星野
3日	福岡ド	6－13	ロ	①	●ボイルズ
4日	福岡ド	7－0	ロ	①	○倉野
6日	福岡ド	2－12	西	②	●斉藤
7日	福岡ド	5－2	西	①	○新垣
8日	福岡ド	1－3	西	②	●和田
16日	大阪ド	5－12	近	②	●斉藤
17日	大阪ド	4－3	近	①	○星野
18日	大阪ド	7－8	近	②	●三瀬
19日	福岡ド	10－1	オ	①	○和田
20日	福岡ド	5－3	オ	①	○新垣
21日	福岡ド	6－0	オ	①	○倉野
23日	福岡ド	6－4	ロ	①	○斉藤
24日	福岡ド	4－6	ロ	①	●星野
25日	福岡ド	0－0	ロ	①	△倉野
26日	西武ド	3－8	西	①	●和田
27日	西武ド	4－2	西	①	○新垣
30日	福岡ド	5－2	日	①	○斉藤
31日	福岡ド	2－5	日	①	●星野

≪8　月≫

	球　場	スコア	相手	順位	責任投手
1日	福岡ド	8－7	日	①	○三瀬
3日	仙台	7－2	ロ	①	○新垣
4日	仙台	6－4	ロ	①	○馬原
6日	ヤフーBB	14－5	オ	①	○斉藤
7日	ヤフーBB	8－5	オ	①	○倉野
8日	ヤフーBB	9－3	オ	①	○グーリン
9日	福岡ド	6－15	西	①	●新垣
10日	福岡ド	4－12	西	①	●馬原
11日	福岡ド	0－7	西	①	●星野
13日	福岡ド	5－0	近	①	○斉藤
14日	福岡ド	5－1	近	①	○グーリン
15日	福岡ド	1－2	近	①	●新垣
17日	札幌ド	6－6	日	①	△倉野
18日	札幌ド	4－14	日	①	●馬原
20日	千葉マ	1－5	ロ	①	●斉藤
21日	千葉マ	2－6	ロ	①	●神内
22日	千葉マ	2－5	ロ	①	●新垣
24日	福岡ド	2－1	オ	①	○倉野
25日	福岡ド	2－1	オ	①	○星野
27日	西武ド	20－4	西	①	○斉藤
28日	西武ド	2－3	西	①	●新垣
29日	西武ド	8－5	西	①	○佐藤
31日	福岡ド	2－12	日	①	●星野

≪9　月≫

	球　場	スコア	相手	順位	責任投手
1日	福岡ド	6－5	日	①	○和田
3日	大阪ド	6－4	近	①	○佐藤
4日	大阪ド	5－4	近	①	○三瀬
5日	大阪ド	6－5	近	①	○星野
7日	福岡ド	4－7	ロ	①	●和田
8日	福岡ド	5－2	ロ	①	○山田
11日	福岡ド	2－11	近	①	●斉藤
12日	福岡ド	5－2	近	①	○新垣
13日	ヤフーBB	5－1	オ	①	○和田
14日	ヤフーBB	5－3	オ	①	○倉野
17日	福岡ド	2－6	西	①	●斉藤
20日	札幌ド	12－13	日	①	●三瀬
21日	札幌ド	3－7	日	①	●和田
23日	福岡ド	7－6	日	①	○倉野

2005

OH-Hawks
All scores of 14 years

05年成績	試合数	勝	敗	分	勝率
①ロッテ	136	84	49	3	.632
②ソフトバンク	136	89	45	2	.664
③西　武	136	67	69	0	.493
④オリックス	136	62	70	4	.470
⑤日本ハム	136	62	71	3	.466
⑥楽　天	136	38	97	1	.281

≪3　月≫

	球　場	スコア	相手	順位	責任投手
26日	ヤフード	3－1	日	①	○和田
27日	ヤフード	6－5	日	①	○三瀬
28日	ヤフード	6－1	楽	①	○馬原
29日	ヤフード	6－2	楽	①	○杉内
30日	ヤフード	8－0	楽	①	○星野

≪4　月≫

	球　場	スコア	相手	順位	責任投手
1日	千葉マ	0－5	ロ	①	●和田
2日	千葉マ	5－4	ロ	①	○神内
3日	千葉マ	2－5	ロ	①	●馬原
4日	スカイマーク	4－1	オ	①	○神内
5日	スカイマーク	3－1	オ	①	○星野
6日	スカイマーク	2－11	オ	①	●竹岡
8日	ヤフード	2－8	西	①	●和田
9日	ヤフード	1－4	西	②	●新垣
10日	ヤフード	4－1	西	②	○馬原
11日	フルスタ宮城	4－0	楽	②	○杉内
12日	フルスタ宮城	7－3	楽	②	○星野
13日	フルスタ宮城	9－11	楽	②	●倉野
15日	ヤフード	7－4	ロ	②	○和田
16日	ヤフード	4－3	ロ	①	○新垣
17日	ヤフード	1－4	ロ	②	●馬原
18日	ヤフード	2－0	オ	①	○杉内
19日	北九州	12－0	オ	①	○星野
20日	ヤフード	8－3	オ	①	○神内
22日	インボイス	2－0	西	①	○和田
23日	インボイス	6－4	西	①	○新垣
24日	インボイス	2－6	西	②	●馬原
25日	札幌ド	10－1	日	②	○杉内
26日	札幌ド	5－7	日	②	●星野
27日	札幌ド	8－1	日	②	○斉藤
29日	ヤフード	5－6	ロ	②	●和田
30日	ヤフード	1－2	ロ	②	●新垣

≪5　月≫

	球　場	スコア	相手	順位	責任投手
1日	ヤフード	3－15	ロ	②	●馬原
3日	大阪ド	8－3	オ	②	○杉内
4日	大阪ド	4－3	オ	②	○三瀬
5日	大阪ド	6－0	オ	②	○星野
7日	神　宮	4－2	ヤ	②	○新垣
8日	神　宮	12－1	ヤ	②	○和田
9日	神　宮	2－3	ヤ	②	●神内
10日	ヤフード	1－2	広	②	●杉内
11日	ヤフード	6－0	広	②	○斉藤
12日	ヤフード	1－1	広	②	△三瀬
13日	ナゴヤド	5－2	中	②	○岡本
14日	ナゴヤド	2－3	中	②	●吉武
15日	ナゴヤド	4－2	中	②	○竹岡
17日	ヤフード	3－2	巨	②	○杉内
18日	ヤフード	7－1	巨	②	○斉藤
19日	ヤフード	4－5	巨	②	●吉武
20日	ヤフード	16－7	神	②	○新垣
21日	ヤフード	2－9	神	②	●和田
22日	ヤフード	4－8	神	②	●フェリシアーノ
24日	横　浜	6－1	横	②	○杉内
25日	横　浜	6－5	横	②	○斉藤
26日	横　浜	4－5	横	②	●星野
27日	ヤフード	5－8	中	②	●吉武
28日	ヤフード	12－2	中	②	○和田
29日	ヤフード	3－4	中	②	●竹岡
31日	甲子園	2－0	神	②	○杉内

≪6　月≫

	球　場	スコア	相手	順位	責任投手
1日	甲子園	12－5	神	②	○斉藤
2日	甲子園	9－7	神	②	○フェリシアーノ
3日	東京ド	2－3	巨	②	●新垣
4日	東京ド	5－2	巨	②	○和田
5日	東京ド	4－1	巨	②	○田之上
7日	倉　敷	2－5	広	②	●杉内
8日	広　島	6－3	広	②	○馬原
9日	広　島	7－4	広	②	○星野
10日	ヤフード	2－0	ヤ	②	○倉野
11日	ヤフード	7－3	ヤ	②	○和田
12日	ヤフード	1－5	ヤ	②	●田之上
14日	ヤフード	6－2	横	②	○杉内
15日	ヤフード	6－2	横	②	○斉藤
16日	ヤフード	2－0	横	②	○星野
21日	フルスタ宮城	10－4	楽	②	○杉内
22日	フルスタ宮城	5－4	楽	②	○斉藤
24日	ヤフード	5－4	日	②	○和田
25日	ヤフード	6－5	日	②	○馬原
26日	ヤフード	5－1	日	②	○田之上
28日	千葉マ	6－2	ロ	①	○杉内
29日	千葉マ	5－3	ロ	①	○斉藤

≪7　月≫

	球　場	スコア	相手	順位	責任投手
2日	ヤフード	3－1	オ	①	○和田
3日	ヤフード	6－3	オ	①	○星野
4日	ヤフード	8－7	楽	①	○馬原
5日	ヤフード	9－1	楽	①	○杉内
6日	ヤフード	14－3	楽	①	○斉藤
9日	インボイス	0－4	西	①	●和田
10日	インボイス	4－10	西	①	●星野
12日	東京ド	8－7	日	①	○馬原
13日	東京ド	7－3	日	①	○田之上
15日	ヤフード	4－3	西	①	○吉武
16日	ヤフード	2－3	西	①	●和田
17日	ヤフード	3－4	西	①	●馬原
18日	ヤフード	5－7	楽	①	●星野
19日	ヤフード	7－4	楽	①	○杉内
26日	大阪ド	5－3	オ	①	○斉藤
27日	大阪ド	0－2	オ	①	●和田
30日	ヤフード	6－0	ロ	①	○杉内
31日	ヤフード	2－12	ロ	①	●新垣

≪8　月≫

	球　場	スコア	相手	順位	責任投手
1日	ヤフード	0－4	日	①	●田之上
2日	ヤフード	4－3	日	①	○斉藤
3日	ヤフード	5－1	日	①	○和田
5日	フルスタ宮城	8－5	楽	①	○フェリシアーノ
6日	フルスタ宮城	10－8	楽	①	○杉内
7日	フルスタ宮城	3－5	楽	①	●新垣
9日	インボイス	9－3	西	①	○斉藤
10日	インボイス	7－5	西	①	○佐藤
12日	札幌ド	5－2	日	①	○佐藤
13日	札幌ド	0－2	日	①	●杉内
14日	札幌ド	5－1	日	①	○新垣
16日	ヤフード	7－2	オ	①	○斉藤
17日	ヤフード	3－3	オ	①	△フェリシアーノ
18日	ヤフード	1－8	オ	①	●星野
20日	ヤフード	2－1	西	①	○杉内
21日	ヤフード	6－5	西	①	○新垣
24日	千葉マ	2－1	ロ	①	○斉藤
27日	札幌ド	4－5	日	①	●馬原
28日	札幌ド	6－10	日	①	●新垣
30日	ヤフード	8－7	ロ	①	○フェリシアーノ
31日	ヤフード	6－3	ロ	①	○斉藤

≪9　月≫

	球　場	スコア	相手	順位	責任投手
3日	ヤフード	0－4	西	①	●杉内
4日	ヤフード	2－0	西	①	○新垣
6日	大阪ド	1－2	オ	①	●三瀬
7日	大阪ド	6－13	オ	①	●斉藤
10日	フルスタ宮城	6－3	楽	①	○杉内
11日	フルスタ宮城	7－4	楽	①	○新垣
13日	ヤフード	3－2	日	①	○吉武
14日	ヤフード	1－0	日	①	○和田
17日	ヤフード	3－4	オ	①	●吉武
18日	ヤフード	1－0	オ	①	○新垣
19日	千葉マ	5－9	ロ	①	●フェリシアーノ
20日	千葉マ	3－5	ロ	①	●和田
21日	千葉マ	3－13	ロ	①	●田之上
22日	千葉マ	7－1	ロ	①	○高橋秀
23日	インボイス	5－4	西	①	○杉内
24日	インボイス	5－6	西	①	●三瀬
25日	インボイス	4－2	西	①	○斉藤
27日	ヤフード	6－3	楽	①	○和田

2006

06年成績	試合数	勝	敗	分	勝率
①日本ハム	136	82	54	0	.603
②西　武	136	80	54	2	.597
③ソフトバンク	136	75	56	5	.573
④ロッテ	136	65	70	1	.481
⑤オリックス	136	52	81	3	.391
⑥楽　天	136	47	85	4	.356

≪3　月≫

	球　場	スコア	相手	順位	責任投手
25日	ヤフード	7－2	ロ	①	○斉藤和
26日	ヤフード	9－7	ロ	①	○杉　内
28日	ヤフード	2－1	西	①	○新　垣
29日	北九州	4－13	西	①	●カラスコ
30日	ヤフード	2－1	西	①	○和　田
31日	フルスタ宮城	4－10	楽	①	●高橋秀

≪4　月≫

1日	フルスタ宮城	3－1	楽	①	○三　瀬
2日	フルスタ宮城	8－2	楽	①	○杉　内
4日	東京ド	5－2	西	①	○新　垣
5日	東京ド	5－8	西	①	●カラスコ
6日	東京ド	0－3	西	②	●和　田
7日	ヤフード	0－2	オ	②	●高橋秀
8日	ヤフード	2－6	オ	③	●斉藤和
9日	ヤフード	2－2	オ	③	△馬　原
12日	千葉マ	4－1	ロ	③	○新　垣
13日	千葉マ	6－1	ロ	②	○寺　原
15日	ヤフード	0－1	西	③	●馬　原
16日	ヤフード	0－4	西	③	●杉　内
18日	インボイス	5－3	西	②	○新　垣
19日	インボイス	3－5	西	③	●和　田
21日	スカイマーク	3－4	オ	④	●馬　原
22日	京セラド	13－2	オ	③	○斉藤和
23日	京セラド	6－4	オ	②	○杉　内
25日	長　崎	11－3	楽	②	○新　垣
26日	ヤフード	4－1	楽	②	○和　田
27日	ヤフード	3－7	楽	②	●高橋秀
28日	札幌ド	3－1	西	②	○斉藤和
29日	札幌ド	2－4	西	②	●寺　原
30日	札幌ド	2－0	西	②	○杉　内

≪5　月≫

2日	ヤフード	4－6	ロ	③	●馬　原
3日	ヤフード	1－0	ロ	②	○和　田
4日	ヤフード	1－2	ロ	③	●倉　野
5日	インボイス	5－7	西	③	●斉藤和
6日	インボイス	11－3	西	②	○寺　原
7日	インボイス	7－3	西	②	○杉　内
9日	ヤフード	5－0	広	①	○新　垣
10日	ヤフード	2－5	広	①	●和　田
11日	ヤフード	2－8	広	②	●カラスコ
12日	ヤフード	8－1	神	②	○斉藤和
13日	ヤフード	3－5	神	③	●寺　原
14日	ヤフード	7－3	神	③	○杉　内
16日	東京ド	3－7	巨	③	●三　瀬
17日	東京ド	0－4	巨	④	●和　田
18日	東京ド	4－2	巨	④	○神　内
19日	神　宮	6－3	ヤ	④	○斉藤和
20日	神　宮	2－14	ヤ	④	●寺　原
21日	神　宮	7－4	ヤ	②	○佐　藤
23日	ヤフード	2－5	横	④	●新　垣
24日	ヤフード	6－2	横	③	○藤　岡
25日	ヤフード	5－1	横	②	○佐　藤
26日	ヤフード	5－0	中	②	○斉藤和
27日	ヤフード	3－4	中	②	●寺　原
28日	ヤフード	1－9	中	③	●杉　内
30日	静　岡	8－3	横	③	○竹　岡
31日	横　浜	3－2	横	③	○和　田

≪6　月≫

1日	横　浜	4－3	横	③	○吉　武
2日	甲子園	0－4	神	③	●斉藤和
3日	甲子園	7－8	神	③	●藤　岡
4日	甲子園	6－2	神	②	○田之上
6日	ヤフード	4－2	巨	②	○和　田
7日	ヤフード	8－3	巨	②	○佐　藤
8日	ヤフード	4－0	巨	①	○斉藤和
9日	ヤフード	3－4	ヤ	②	●吉　武
10日	ヤフード	2－6	ヤ	③	●三　瀬
11日	ヤフード	4－2	ヤ	②	○藤　岡
13日	広　島	10－2	広	②	○和　田
14日	広　島	1－2	広	②	●高橋秀
15日	広　島	9－6	広	②	○斉藤和
16日	ナゴヤド	0－4	中	②	●杉　内
17日	ナゴヤド	1－5	中	③	●田之上
18日	ナゴヤド	4－1	中	③	○神　内
23日	ヤフード	5－1	楽	③	○斉藤和
24日	ヤフード	0－1	楽	③	●田之上
25日	ヤフード	4－3	楽	②	○神　内
27日	ヤフード	3－2	オ	②	○和　田
28日	北九州	7－6	オ	②	○藤　岡
30日	千葉マ	7－2	ロ	①	○斉藤和

≪7　月≫

1日	千葉マ	3－7	ロ	②	●田之上
2日	千葉マ	10－7	ロ	②	○神　内
4日	ヤフード	8－10	西	②	●藤　岡
5日	ヤフード	3－3	西	②	△吉　武
8日	フルスタ宮城	9－1	楽	②	○斉藤和
11日	京セラド	6－0	オ	②	○和　田
12日	京セラド	4－1	オ	②	○新　垣
13日	京セラド	2－5	オ	②	●神　内
15日	ヤフード	0－3	西	②	●斉藤和
16日	ヤフード	5－0	西	②	○寺　原
17日	ヤフード	1－4	西	②	●和　田
18日	ヤフード	9－5	西	②	○藤　岡
19日	ヤフード	1－3	西	②	●神　内
25日	ヤフード	6－3	ロ	②	○新　垣
26日	ヤフード	2－1	ロ	②	○和　田
27日	ヤフード	2－1	ロ	②	○藤　岡
29日	函　館	4－3	西	②	○神　内
30日	東京ド	3－7	西	②	●杉　内

≪8　月≫

1日	ヤフード	8－4	楽	②	○新　垣
2日	ヤフード	4－1	楽	②	○和　田
4日	千葉マ	1－0	ロ	①	○斉藤和
5日	千葉マ	2－3	ロ	②	●篠　原
6日	千葉マ	0－1	ロ	②	●馬　原
8日	ヤフード	0－7	西	②	●新　垣
9日	ヤフード	5－3	西	②	○和　田
10日	ヤフード	1－0	西	②	○神　内
11日	ヤフード	2－0	オ	②	○斉藤和
12日	ヤフード	5－2	オ	②	○吉　武
13日	ヤフード	3－3	オ	②	△馬　原
15日	フルスタ宮城	6－3	楽	①	○新　垣
16日	フルスタ宮城	6－6	楽	②	△馬　原
17日	フルスタ宮城	2－4	楽	②	●神　内
18日	インボイス	10－5	西	①	○斉藤和
19日	インボイス	1－8	西	②	●寺　原
20日	インボイス	2－3	西	②	●藤　岡
22日	京セラド	1－0	オ	②	○新　垣
23日	京セラド	6－2	オ	②	○和　田
24日	スカイマーク	2－3	オ	②	●三　瀬
26日	ヤフード	8－5	西	②	○斉藤和
27日	ヤフード	5－8	西	②	●寺　原
29日	千葉マ	12－0	ロ	②	○新　垣
30日	千葉マ	6－4	ロ	②	○和　田

≪9　月≫

1日	フルスタ宮城	9－2	楽	②	○吉　武
2日	フルスタ宮城	4－1	楽	①	○斉藤和
3日	フルスタ宮城	3－6	楽	②	●寺　原
5日	ヤフード	6－9	西	②	●新　垣
6日	ヤフード	1－0	西	②	○和　田
7日	ヤフード	2－4	西	②	●吉　武
9日	ヤフード	4－0	ロ	②	○杉　内
10日	ヤフード	2－0	ロ	②	○斉藤和
12日	京セラド	5－3	オ	②	○新　垣
16日	ヤフード	1－1	楽	③	△柳　瀬
18日	インボイス	9－2	西	③	○斉藤和
19日	インボイス	2－6	西	③	●新　垣
23日	ヤフード	4－5	オ	③	●吉　田
24日	ヤフード	2－5	オ	③	●新　垣
26日	札幌ド	0－8	西	③	●斉藤和
27日	札幌ド	1－4	西	③	●和　田
29日	ヤフード	0－4	楽	③	●杉　内

OH-Hawks
All scores of 14 years

07年成績	試合数	勝	敗	分	勝率
①日本ハム	144	79	60	5	.568
②ロッテ	144	76	61	7	.555
③ソフトバンク	144	73	66	5	.525
④楽天	144	67	75	2	.472
⑤西武	144	66	76	2	.465
⑥オリックス	144	62	77	5	.446

≪3月≫

	球場	スコア	相手	順位	責任投手
24日	ヤフード	5−8	オ	③	●藤岡
25日	ヤフード	2−0	オ	①	○和田
27日	ヤフード	3−1	楽	①	○新垣
28日	ヤフード	9−0	楽	①	○杉内
29日	ヤフード	9−7	楽	①	○山村
30日	千葉マ	1−4	ロ	①	●神内
31日	千葉マ	8−2	ロ	①	○斉藤和

≪4月≫

	球場	スコア	相手	順位	責任投手
1日	千葉マ	8−4	ロ	①	○和田
3日	グッドウィル宮城	2−3	西	①	●新垣
4日	グッドウィル宮城	3−0	西	①	○杉内
5日	グッドウィル宮城	3−8	西	①	●ガトームソン
7日	ヤフード	2−3	日	②	●斉藤和
8日	ヤフード	7−4	日	②	○和田
10日	ヤフード	13−1	ロ	②	○新垣
11日	北九州	5−9	ロ	②	●山村
12日	ヤフード	1−6	ロ	②	●ガトームソン
13日	京セラド	4−7	オ	③	●三瀬
14日	京セラド	4−2	オ	②	○柳瀬
15日	スカイマーク	4−4	オ	②	△柳瀬
17日	フルスタ宮城	4−5	楽	②	●新垣
18日	フルスタ宮城	2−6	楽	②	●杉内
19日	フルスタ宮城	1−3	楽	③	●水田
20日	東京ド	4−2	日	③	○神内
21日	東京ド	11−2	日	③	○佐藤
22日	東京ド	4−0	日	③	○水田
25日	ヤフード	9−3	西	③	○杉内
26日	ヤフード	3−2	西	③	○柳瀬
28日	京セラド	3−1	オ	②	○ガトームソン
29日	スカイマーク	6−5	オ	①	○山村
30日	スカイマーク	3−1	オ	①	○田之上

≪5月≫

	球場	スコア	相手	順位	責任投手
1日	ヤフード	3−2	楽	①	○杉内
2日	ヤフード	2−4	楽	②	●和田
3日	ヤフード	11−4	楽	②	○水田
4日	ヤフード	8−2	西	①	○新垣
5日	ヤフード	4−1	西	①	○ガトームソン
6日	ヤフード	4−6	西	①	●田之上
8日	札幌ド	7−0	日	①	○杉内
9日	札幌ド	4−2	日	①	○水田
10日	札幌ド	8−2	日	①	○和田
11日	千葉マ	5−9	ロ	①	●新垣
12日	千葉マ	1−1	ロ	①	△馬原
13日	千葉マ	2−3	ロ	①	●藤岡
15日	ヤフード	5−1	オ	①	○杉内
16日	ヤフード	8−1	オ	①	○水田
17日	ヤフード	2−9	オ	①	●和田
18日	ヤフード	5−2	日	①	○新垣
19日	ヤフード	0−5	日	①	●ガトームソン
20日	ヤフード	4−5	日	①	●田之上
22日	ヤフード	2−1	神	①	○杉内
23日	ヤフード	1−3	神	①	●和田
25日	ヤフード	7−3	広	①	○新垣
26日	ヤフード	1−2	広	②	●ガトームソン
27日	神宮	1−4	ヤ	②	●山村
28日	神宮	3−1	ヤ	②	○杉内
30日	東京ド	2−6	巨	②	●和田
31日	東京ド	3−7	巨	②	●篠原

≪6月≫

	球場	スコア	相手	順位	責任投手
2日	ヤフード	3−4	中	②	●ガトームソン
3日	ヤフード	4−1	中	②	○杉内
5日	ヤフード	2−5	横	③	●和田
6日	ヤフード	2−5	横	③	●新垣
8日	広島	6−4	広	③	○佐藤
9日	広島	6−3	広	③	○大隣
10日	甲子園	1−3	神	③	●篠原
11日	甲子園	1−0	神	③	○和田
13日	ヤフード	9−5	ヤ	②	○新垣
14日	ヤフード	3−2	ヤ	②	○ガトームソン
16日	ヤフード	2−3	巨	②	●杉内
17日	ヤフード	1−2	巨	③	●ニコースキー
19日	横浜	0−5	横	③	●新垣
20日	横浜	3−4	横	③	●水田
23日	ナゴヤド	6−4	中	③	○スタンドリッジ
24日	ナゴヤド	9−2	中	③	○和田
29日	ヤフード	1−0	ロ	③	○杉内
30日	ヤフード	6−6	ロ	③	△馬原

≪7月≫

	球場	スコア	相手	順位	責任投手
1日	ヤフード	2−4	ロ	③	●和田
3日	盛岡	6−8	楽	③	●新垣
5日	フルスタ宮城	3−4	楽	③	●馬原
7日	グッドウィル宮城	0−3	西	③	●ガトームソン
8日	グッドウィル宮城	7−0	西	③	○和田
10日	ヤフード	2−3	楽	③	●斉藤和
11日	北九州	10−11	楽	③	●佐藤
12日	ヤフード	4−1	楽	③	○杉内
13日	千葉マ	6−5	ロ	③	○水田
16日	札幌ド	4−1	日	③	○和田
17日	札幌ド	0−3	日	③	●新垣
18日	札幌ド	7−1	日	③	○杉内
24日	ヤフード	8−2	ロ	③	○斉藤和
25日	ヤフード	10−3	ロ	②	○和田
26日	ヤフード	4−3	ロ	②	○馬原
28日	ヤフード	9−5	西	②	○ガトームソン
29日	ヤフード	4−3	西	②	○杉内
31日	ヤフード	5−3	オ	①	○和田

≪8月≫

	球場	スコア	相手	順位	責任投手
1日	ヤフード	3−7	オ	①	●西山
3日	フルスタ宮城	5−7	楽	②	●柳瀬
4日	フルスタ宮城	3−4	楽	②	●杉内
5日	フルスタ宮城	2−0	楽	①	○斉藤和
7日	グッドウィル宮城	3−5	西	①	●和田
8日	グッドウィル宮城	2−6	西	②	●西山
9日	グッドウィル宮城	5−1	西	②	○ガトームソン
10日	スカイマーク	5−7	オ	②	●馬原
11日	京セラド	6−3	オ	②	○スタンドリッジ
12日	京セラド	1−4	オ	②	●大隣
14日	ヤフード	1−4	日	②	●和田
15日	ヤフード	1−2	日	②	●神内
16日	ヤフード	1−8	日	③	●杉内
17日	フルスタ宮城	3−1	楽	②	○スタンドリッジ
18日	フルスタ宮城	2−5	楽	③	●斉藤和
19日	フルスタ宮城	1−2	楽	③	●大隣
21日	ヤフード	6−0	西	③	○和田
22日	ヤフード	5−2	西	③	○杉内
23日	ヤフード	4−1	西	③	○スタンドリッジ
25日	ヤフード	4−1	ロ	②	○大隣
26日	ヤフード	1−4	ロ	③	●神内
28日	スカイマーク	8−8	オ	③	△馬原
29日	スカイマーク	5−1	オ	③	○斉藤和

≪9月≫

	球場	スコア	相手	順位	責任投手
1日	旭川	6−5	日	②	○藤岡
2日	札幌ド	2−3	日	②	●馬原
5日	ヤフード	5−1	楽	③	○和田
6日	ヤフード	8−6	楽	②	○柳瀬
7日	ヤフード	7−3	オ	②	○ニコースキー
8日	ヤフード	3−0	オ	②	○杉内
9日	ヤフード	4−5	オ	②	●篠原
10日	ヤフード	1−4	オ	②	●新垣
11日	グッドウィル宮城	8−1	西	②	○斉藤和
12日	グッドウィル宮城	3−8	西	②	●和田
13日	グッドウィル宮城	1−0	西	②	○スタンドリッジ
15日	ヤフード	1−7	日	②	●杉内
16日	ヤフード	4−3	日	②	○柳瀬
17日	ヤフード	10−0	日	②	○新垣
18日	千葉マ	3−2	ロ	②	○馬原
19日	千葉マ	1−5	ロ	②	●スタンドリッジ
20日	千葉マ	1−8	ロ	②	●大隣
21日	グッドウィル宮城	0−3	西	②	●杉内
22日	グッドウィル宮城	3−7	西	②	●ガトームソン
23日	札幌ド	3−2	日	②	○斉藤和
24日	札幌ド	4−4	日	②	△馬原
26日	ヤフード	3−1	オ	②	○スタンドリッジ
27日	ヤフード	0−6	ロ	②	●和田
28日	ヤフード	1−2	ロ	③	●馬原
29日	ヤフード	3−7	楽	③	●大隣
30日	ヤフード	2−8	楽	③	●新垣

≪10月≫

	球場	スコア	相手	順位	責任投手
2日	京セラド	2−1	オ	③	○スタンドリッジ
3日	千葉マ	5−7	ロ	③	●水田
5日	ヤフード	2−6	西	③	●新垣

2008

08年成績	試合数	勝	敗	分	勝率
①西　武	144	76	64	4	.543
②オリックス	144	75	68	1	.524
③日本ハム	144	73	69	2	.514
④ロッテ	144	73	70	1	.510
⑤楽　天	144	65	76	3	.461
⑥ソフトバンク	144	64	77	3	.454

≪3　月≫

	球　場	スコア	相手	順位	責任投手
20日	ヤフード	4－3	楽	①	○久　米
22日	ヤフード	5－4	楽	①	○ニコースキー
23日	ヤフード	4－0	楽	①	○大　場
24日	ヤフード	6－5	ロ	①	○久　米
25日	ヤフード	2－1	ロ	①	○大　隣
26日	ヤフード	4－5	ロ	①	●甲　藤
28日	西武ド	3－2	西	①	○杉　内
29日	西武ド	4－10	西	①	●スタンドリッジ
30日	西武ド	1－5	西	①	●大　場

≪4　月≫

	球　場	スコア	相手	順位	責任投手
1日	ヤフード	0－6	日	①	●新　垣
2日	北九州	9－0	日	①	○大　隣
3日	ヤフード	2－6	日	②	●ガトームソン
4日	千葉マ	3－6	ロ	②	●ニコースキー
5日	千葉マ	3－0	ロ	①	○大　場
6日	千葉マ	4－5	ロ	②	●ニコースキー
8日	熊　本	3－8	オ	③	●新　垣
9日	ヤフード	1－4	オ	③	●大　隣
10日	ヤフード	5－1	オ	③	○ガトームソン
11日	ヤフード	3－8	西	③	●杉　内
12日	ヤフード	8－5	西	③	○小　椋
13日	ヤフード	5－4	西	③	○久　米
15日	京セラド	7－3	オ	③	○パウエル
16日	京セラド	1－2	オ	③	●大　隣
18日	札幌ド	1－3	日	③	●杉　内
19日	札幌ド	2－4	日	③	●大　場
20日	札幌ド	4－2	日	③	○和　田
22日	Kスタ宮城	3－4	楽	④	●パウエル
23日	Kスタ宮城	0－4	楽	⑤	●大　隣
25日	ヤフード	0－5	ロ	⑤	●杉　内
26日	ヤフード	1－6	ロ	⑤	●大　場
27日	ヤフード	5－3	ロ	⑤	○和　田
29日	西武ド	10－7	西	⑤	○ホールトン
30日	西武ド	2－6	西	⑤	●大　隣

≪5　月≫

	球　場	スコア	相手	順位	責任投手
1日	西武ド	4－5	西	⑤	●ホールトン
2日	ヤフード	13－0	オ	⑤	○杉　内
3日	ヤフード	6－4	オ	⑤	○大　場
4日	ヤフード	7－3	オ	④	○和　田
5日	Kスタ宮城	7－5	楽	③	○小　椋
6日	Kスタ宮城	8－4	楽	③	○大　隣
7日	Kスタ宮城	7－9	楽	③	●竹　岡
10日	函　館	1－0	日	③	○杉　内
11日	函　館	3－4	日	③	●久　米
13日	宮　崎	4－2	西	②	○和　田
14日	ヤフード	4－11	西	③	●ガトームソン
15日	ヤフード	3－10	西	③	●パウエル
16日	ヤフード	3－10	日	④	●大　隣
17日	ヤフード	3－2	日	④	○杉　内
18日	ヤフード	3－4	日	④	●大　場
20日	ヤフード	4－3	広	④	○和　田
21日	ヤフード	9－4	広	③	○小　椋
23日	ヤフード	7－2	神	③	○大　隣
24日	ヤフード	2－5	神	④	●ホールトン
25日	ナゴヤド	4－5	中	④	●ホールトン
26日	ナゴヤド	0－1	中	④	●和　田
28日	大　分	6－2	横	④	○ガトームソン
29日	北九州	6－5	横	④	○大　隣
31日	ヤフード	3－1	巨	④	○杉　内

≪6　月≫

	球　場	スコア	相手	順位	責任投手
1日	ヤフード	5－4	巨	④	○ホールトン
3日	ヤフード	7－3	ヤ	④	○和　田
4日	ヤフード	0－3	ヤ	④	●パウエル
6日	甲子園	2－5	神	④	●ニコースキー
7日	甲子園	2－3	神	④	●杉　内
8日	広　島	8－4	広	④	○三　瀬
9日	広　島	1－6	広	④	●和　田
11日	ヤフード	5－2	中	④	○ガトームソン
12日	ヤフード	3－2	中	④	○大　隣
14日	ヤフード	3－1	横	④	○杉　内
15日	ヤフード	6－1	横	④	○和　田
18日	長　野	2－3	ヤ	③	●ガトームソン
19日	神　宮	7－5	ヤ	③	○大　隣
21日	東京ド	2－3	巨	③	●佐　藤
22日	東京ド	3－2	巨	③	○久　米
27日	北九州	3－2	楽	③	○ニコースキー
28日	ヤフード	2－4	楽	③	●ニコースキー
29日	ヤフード	2－15	楽	③	●和　田

≪7　月≫

	球　場	スコア	相手	順位	責任投手
1日	京セラド	1－4	オ	③	●杉　内
2日	京セラド	6－7	オ	④	●柳　瀬
3日	京セラド	5－6	オ	④	●ガトームソン
4日	千葉マ	1－10	ロ	④	●大　隣
5日	千葉マ	6－12	ロ	④	●高橋秀
6日	千葉マ	7－6	ロ	④	○柳　瀬
8日	西武ド	5－2	西	③	○杉　内
9日	西武ド	7－2	西	③	○ガトームソン
11日	札幌ド	2－3	日	③	●大　隣
12日	札幌ド	6－9	日	③	●大　場
13日	札幌ド	10－1	日	③	○和　田
15日	ヤフード	13－4	西	③	○杉　内
16日	ヤフード	6－5	西	③	○三　瀬
19日	Kスタ宮城	5－4	楽	③	○大　隣
20日	Kスタ宮城	1－4	楽	③	●和　田
21日	ヤフード	8－6	オ	③	○杉　内
22日	ヤフード	2－4	オ	③	●パウエル
23日	ヤフード	4－5	オ	③	●　陽
25日	ヤフード	14－0	ロ	③	○大　隣
26日	ヤフード	2－1	ロ	③	○ホールトン
27日	ヤフード	3－2	ロ	②	○　陽
28日	ヤフード	2－10	日	③	●パウエル
29日	ヤフード	2－5	日	③	●　陽

≪8　月≫

	球　場	スコア	相手	順位	責任投手
3日	京セラド	4－2	オ	③	○大　隣
4日	京セラド	4－3	オ	③	○高橋秀
5日	スカイマーク	2－6	オ	③	●パウエル
10日	ヤフード	4－5	楽	③	●大　隣
11日	ヤフード	6－2	楽	③	○佐　藤
13日	千葉マ	3－1	ロ	②	○ホールトン
14日	千葉マ	6－12	ロ	②	●新　垣
15日	千葉マ	10－6	ロ	②	○佐　藤
16日	ヤフード	1－5	日	②	●スタンドリッジ
17日	ヤフード	2－1	日	②	○大　隣
18日	ヤフード	0－7	日	②	●星　野
19日	西武ド	3－12	西	②	●ホールトン
20日	西武ド	1－7	西	②	●新　垣
21日	西武ド	9－5	西	②	○パウエル
27日	ヤフード	2－3	オ	③	●馬　原
28日	ヤフード	3－2	オ	②	○新　垣
29日	ヤフード	4－4	西	②	△馬　原
30日	ヤフード	2－2	西	②	△佐　藤
31日	ヤフード	0－0	西	②	△佐　藤

≪9　月≫

	球　場	スコア	相手	順位	責任投手
2日	札幌ド	0－2	日	②	●ガトームソン
3日	札幌ド	4－3	日	②	○佐　藤
4日	札幌ド	3－4	日	③	●佐　藤
6日	ヤフード	4－5	ロ	③	●水　田
7日	ヤフード	6－7	ロ	④	●三　瀬
9日	ヤフード	1－3	楽	⑤	●ガトームソン
10日	ヤフード	2－1	楽	④	○新　垣
11日	ヤフード	2－8	楽	④	●杉　内
13日	千葉マ	6－9	ロ	⑤	●ホールトン
14日	千葉マ	5－9	ロ	⑤	●和　田
15日	千葉マ	7－8	ロ	⑤	●柳　瀬
16日	京セラド	1－4	オ	⑤	●新　垣
17日	スカイマーク	4－2	オ	⑤	○杉　内
18日	スカイマーク	1－7	オ	⑤	●ホールトン
20日	ヤフード	0－1	西	⑤	●和　田
21日	ヤフード	5－10	西	⑤	●ガトームソン
22日	ヤフード	0－9	日	⑤	●新　垣
23日	ヤフード	2－5	日	⑤	●杉　内
24日	ヤフード	1－4	オ	⑤	●ホールトン
27日	千葉マ	2－4	ロ	⑥	●和　田
28日	Kスタ宮城	7－2	楽	⑥	○ガトームソン
29日	Kスタ宮城	4－2	楽	⑤	○新　垣
30日	Kスタ宮城	5－15	楽	⑥	●水　田

≪10　月≫

	球　場	スコア	相手	順位	責任投手
1日	京セラド	1－4	オ	⑥	●杉　内
5日	Kスタ宮城	0－8	楽	⑥	●和　田
6日	Kスタ宮城	4－1	楽	⑤	○新　垣
7日	Kスタ宮城	0－1	楽	⑥	●馬　原

1999年
日本シリーズ

第1戦　10月23日(福岡ドーム)
中　　日　000 000 000 ＝0
ダイエー　000 003 00x ＝3
[中]●野口, 岩瀬, 正津
[ダ]○工藤
本塁打＝[ダ]秋山①

第2戦　10月24日(福岡ドーム)
中　　日　220 022 000 ＝8
ダイエー　100 000 010 ＝2
[中]○川上, 落合
[ダ]●若田部, 佐久本, 吉田, 藤井, ヒデカズ, 山田
本塁打＝[ダ]秋山②

第3戦　10月26日(ナゴヤドーム)
ダイエー　000 200 120 ＝5
中　　日　000 000 000 ＝0
[ダ]○永井, 篠原, ペドラザ
[中]●山本昌, 正津, 落合, 岩瀬, 鶴田, 前田, 中山
本塁打＝[ダ]城島①

第4戦　10月27日(ナゴヤドーム)
ダイエー　002 001 000 ＝3
中　　日　000 000 000 ＝0
[ダ]○星野, 篠原, Sペドラザ
[中]●武田, 正津, 岩瀬, 宣
本塁打＝[ダ]小久保①

第5戦　10月28日(ナゴヤドーム)
ダイエー　006 000 000 ＝6
中　　日　101 001 100 ＝4
[ダ]佐久本, 藤井, ○吉田, 篠原, Sペドラザ
[中]●野口, 落合, 岩瀬, 川上
本塁打＝[中]ゴメス①, 中村①

2004年
プレーオフ第2ステージ
（対西武，福岡ドーム）

第1戦（10月6日）　9－3　○新垣
第2戦（10月7日）　1－11　●和田
第3戦（10月9日）　5－6　●斉藤和
第4戦（10月10日）　4－1　○倉野
第5戦（10月11日）　3－4　●三瀬

2005年
プレーオフ第2ステージ
（対ロッテ，ヤフードーム）

第1戦（10月12日）　2－4　●杉内
第2戦（10月13日）　2－3　●斉藤和
第3戦（10月15日）　5－4　○馬原
第4戦（10月16日）　3－2　○吉武
第5戦（10月17日）　2－3　●三瀬

2000年
日本シリーズ

第1戦　10月21日(東京ドーム)
ダイエー　010 000 202 ＝5
巨　　人　210 000 000 ＝3
[ダ]若田部, 渡辺正, 田之上, ○吉田, Sペドラザ
[巨]工藤, 木村, ●槙原
本塁打＝[ダ]城島①, 松中①, ニエベス①／[巨]松井①

第2戦　10月22日(東京ドーム)
ダイエー　000 060 200 ＝8
巨　　人　021 000 000 ＝3
[ダ]永井, 田之上, ○渡辺正, 長冨, 吉田, ペドラザ
[巨]●メイ, 木村, 平松, 三沢, 桑田
本塁打＝[ダ]城島②

第3戦　10月23日(福岡ドーム)
巨　　人　034 000 200 ＝9
ダイエー　030 000 000 ＝3
[巨]○上原, 岡島
[ダ]●ラジオ, 渡辺正, 星野, 篠原, 斉藤和
本塁打＝[巨]高橋由①, 松井②／[ダ]城島③

第4戦　10月26日(福岡ドーム)
巨　　人　110 000 000 ＝2
ダイエー　100 000 000 ＝1
[巨]○斎藤雅, S岡島
[ダ]●田之上, 渡辺正, 吉田
本塁打＝[巨]江藤①／[ダ]ニエベス②

第5戦　10月27日(福岡ドーム)
巨　　人　010 010 220 ＝6
ダイエー　000 000 000 ＝0
[巨]○高橋尚
[ダ]●若田部, 篠原, 斉藤和
本塁打＝[巨]高橋由②, 江藤②, 村田真①

第6戦　10月28日(東京ドーム)
ダイエー　001 101 000 ＝3
巨　　人　004 050 00x ＝9
[ダ]●永井, 渡辺正, 吉田, 星野, 篠原, 斉藤和
[巨]○メイ, 木村, 平松, 岡島
本塁打＝[ダ]城島④／[巨]松井③

2006年
プレーオフ第1ステージ
（対西武，西武ドーム）

第1戦（10月7日）　0－1　●斉藤和
第2戦（10月8日）　11－3　○柳瀬
第3戦（10月9日）　6－1　○柳瀬

プレーオフ第2ステージ
（対日本ハム，札幌ドーム）
＊日本ハムが1勝のアドバンテージ

第1戦（10月11日）　1－3　●杉内
第2戦（10月12日）　0－1　●斉藤和

2003年
日本シリーズ

第1戦　10月18日(福岡ドーム)
阪　　神　000 201 100 ＝4
ダイエー　010 201 001x ＝5
[神]井川, リガン, ●安藤
[ダ]斉藤和, 吉田, 岡本, ○篠原
本塁打＝[ダ]城島①

第2戦　10月19日(福岡ドーム)
阪　　神　000 000 000 ＝0
ダイエー　041 000 53x ＝13
[神]●伊良部, 吉野, 石毛, 金澤
[ダ]○杉内, 新垣
本塁打＝[ダ]城島②, ズレータ①, バルデス①

第3戦　10月22日(甲子園)
ダイエー　100 000 000 0 ＝1
阪　　神　000 100 000 1x ＝2
[ダ]和田, 岡本, ●篠原
[神]ムーア, ○吉野
本塁打＝[神]金本①

第4戦　10月23日(甲子園)
ダイエー　010 000 310 0 ＝5
阪　　神　300 001 010 1x ＝6
[ダ]ナイト, 渡辺, 佐藤, 岡本, ●新垣
[神]井川, 安藤, 吉野, リガン, ○ウィリアムス
本塁打＝[ダ]松中①／[神]金本②③

第5戦　10月24日(甲子園)
ダイエー　020 000 000 ＝2
阪　　神　100 002 00x ＝3
[ダ]●斉藤和, 篠原, 岡本
[神]○下柳, 吉野, リガン, 安藤, Sウィリアムス
本塁打＝[ダ]バルデス②／[神]金本④

第6戦　10月26日(福岡ドーム)
阪　　神　000 100 000 ＝1
ダイエー　201 001 01x ＝5
[神]●伊良部, 福原, 吉野, 石毛
[ダ]○杉内, S岡本
本塁打＝[神]桧山①／[ダ]井口①, バルデス③

第7戦　10月27日(福岡ドーム)
阪　　神　000 010 001 ＝2
ダイエー　203 001 00x ＝6
[神]●ムーア, リガン, 吉野, ウィリアムス
[ダ]○和田
本塁打＝[神]関本①, 広澤①／[ダ]井口②, 城島③④

2007年
クライマックスシリーズ第1ステージ
（対ロッテ，千葉マリン）

第1戦（10月8日）　4－8　●斉藤和
第2戦（10月9日）　8－3　○杉内
第3戦（10月10日）　0－4　●スタンドリッジ

編集後記

　プロ野球ファンにとっては幸せな十四年間だった、と思う。もしも王監督がホークスのユニホームを着ていなければ、ホークスは今も地方のマイナー球団に過ぎなかったかもしれない。三度のリーグ優勝、二度の日本一もできたかどうか。すべては王監督がいたからこそ生まれた栄光だったのではないか。

　西武からトレード移籍した秋山、ＦＡで移籍したエース・工藤、未来の4番・小久保らでやっと投打の柱ができかかったチームに、指揮官・王はやってきた。一九九九年にリーグ初優勝を飾るまで、永井、星野、藤井、篠原、城島、井口、松中、柴原ら、才能あふれた〝王チルドレン〟が毎年チームに加わり、戦力はあっという間に分厚くなった。日本中の野球界に広く人脈を持つ根本陸夫元球団社長による急ピッチな王国作りも、王監督がいたからこそ実現したのだと思う。

　セ・リーグ、巨人の長嶋茂雄監督に対して、パ・リーグの王監督。東の長嶋さんと西の王さん。ＯＮコンビの一人、王監督の率いるチームが弱くていいわけがない。何しろ世界の王監督が率いるチームなのだ。巨人に負けない常勝チームになることは一つの使命とも言えた。

　一九九九年は日本シリーズで中日を破り、二〇〇〇年こそ長嶋巨人に敗れたが、二〇〇三年は星野阪神を4勝3敗で破って再び日本一に輝いた。その自信と勇気は、二〇〇六年のワールド・ベースボール・クラシック（ＷＢＣ）での世界制覇につながっていった。そこにはいつも王監督がいた。

　突然の胃がん公表と手術・入院には、野球ファンだけでなく国民みんなが心を痛めた。そして、不死鳥のようにグラウンドに戻ってきた王監督が、どれだけ熱い拍手で迎えられたか。座右の銘である「気力」を振り絞っての復帰ドラマに勇気づけられた人は、少なくなかったはずだ。そして、衝撃の勇退劇。あの日、日本中がグラウンドを去る王監督との切ない別れに涙した。

　王監督は二〇〇八年十月七日、静かにユニホームを脱いだ。屈辱も栄光も、喜びも悲しみもあったけれど、野球を愛するすべての人が王監督と過ごしたこの十四年間を心から楽しんだのだと思う。

　みんな、王監督が好きだったのだ。

スポーツニッポン新聞社西部本社　編集局長　**中島　泉**

本書はスポーツニッポン新聞西部本社版に掲載した記事、写真に、新たな書下ろしと未掲載の写真を加えて構成した。記事はスポーツ部の福永稔彦、君島圭介、森寛一デスク、ホークス担当の福浦健太郎、川手達矢と歴代担当記者が執筆。写真は写真部の柴田春男、横山和好、中村達也、西尾大助、岡田丈靖、上田章博と歴代の担当カメラマンが撮影した。構成は同社編集局の中島泉が担当した。

ありがとう王監督　ホークスの14年

二〇〇八年十二月二十五日　第一刷発行

編　者　スポーツニッポン新聞社西部本社

■

発行者　西　俊明
発行所　有限会社海鳥社
〒八一〇−〇〇七四
福岡市中央区大手門三丁目六番十三号
ＴＥＬ ○九二(七七一)○一三二
ＦＡＸ ○九二(七七一)二五四六

■

印刷・製本　大村印刷株式会社

■

ISBN 978-4-87415-705-3　[定価は表紙カバーに表示]